Commentarii De Bello Gallico... - Primary Source Edition

Julius Caesar

Kurze Inhaltsangabe der einzelnen Bücher.

C. IULII CAESARIS

DE BELLO GALLICO

COMMENTARIUS PRIMUS.

I. Gallia est omnis divisa in partes tres, quarum 1 unam incolunt Belgae, aliam Aquitani, tertiam, qui ipsorum lingua Celtae, nostra Galli appellantur. hi omnes 2 lingua, institutis, legibus inter se differunt. Gallos ab Aquitanis Garumna flumen, a Belgis Matrona et Sequana dividit. horum omnium fortissimi sunt Belgae, propterea 3 quod a cultu atque humanitate provinciae longissime absunt, minimeque ad eos mercatores saepe commeant atque ea, quae ad effeminandos animos pertinent, important, proximique sunt Germanis, qui trans Rhenum incolunt, quibuscum continenter bellum gerunt. qua de causa Hel- 4 vetii quoque reliquos Gallos virtute praecedunt, quod fere cotidianis proeliis cum Germanis contendunt, cum aut suis finibus eos prohibent aut ipsi in eorum finibus bellum gerunt. ea pars, quam Gallos obtinere dictum est, 5 initium capit a flumine Rhodano, continetur Garumna flumine, Oceano, finibus Belgarum, attingit etiam ab Sequanis et Helvetiis flumen Rhenum, vergit ad septemtriones. Belgae ab extremis Galliae finibus oriuntur, 6 pertinent ad inferiorem partem fluminis Rheni, spectant in septemtrionem et orientem solem. Aquitania a Ga- 7 rumna flumine ad Pyrenaeos montes et eam partem Oceani, quae est ad Hispaniam, pertinet; spectat inter occasum solis et septemtriones.

II. Apud Helvetios longe nobilissimus fuit et ditis- 1 simus Orgetorix. is M. Messala et M. Pisone consulibus regni cupiditate inductus coniurationem nobilitatis fecit

et civitati persuasit, ut de finibus suis cum omnibus co-
2 piis exirent: perfacile esse, cum virtute omnibus prae-
3 starent, totius Galliae imperio potiri. id hoc facilius eis
persuasit, quod undique loci natura Helvetii continentur:
una ex parte flumine Rheno latissimo atque altissimo,
qui agrum Helvetium a Germanis dividit, altera ex parte
monte Iura altissimo, qui est inter Sequanos et Helvetios,
tertia lacu Lemanno et flumine Rhodano, qui provinciam
4 nostram ab Helvetiis dividit. his rebus fiebat, ut et et
minus late vagarentur et minus facile finitimis bellum
inferre possent; quare homines bellandi cupidi magno do-
5 lore afficiebantur. pro multitudine autem hominum et pro
gloria belli atque fortitudinis angustos se fines habere
arbitrabantur, qui in longitudinem milia passuum CCXL,
in latitudinem CLXXX patebant.

1   III. His rebus adducti et auctoritate Orgetorigis
permoti constituerunt ea, quae ad proficiscendum per-
tinerent, comparare, iumentorum et carrorum quam maximum numerum coëmere, sementes quam maximas facere,
ut in itinere copia frumenti suppeteret, cum proximis civi-
2 tatibus pacem et amicitiam confirmare. ad eas res conficiendas biennium sibi satis esse duxerunt: in tertium
3 annum profectionem lege confirmant. Orgetorix sibi
legationem ad civitates suscepit. in eo itinere persuadet
4 Castico, Catamantaloedis filio, Sequano, cuius pater regnum in Sequanis multos annos obtinuerat et a senatu
populi Romani amicus appellatus erat, ut regnum in civi-
5 tate sua occuparet, quod pater ante habuerat; itemque
Dumnorigi Aeduo, fratri Divitiaci, qui eo tempore principatum in civitate obtinebat ac maxime plebi acceptus
erat, ut idem conaretur, persuadet eique filiam suam in
6 matrimonium dat. perfacile factu esse illis probat conata
perficere, propterea quod ipse suae civitatis imperium
obtenturus esset: non esse dubium, quin totius Galliae

plurimum Helvetii possent; se suis copiis suoque exercitu
illis regna conciliaturum confirmat. hac oratione adducti 7
inter se fidem et iusiurandum dant et regno occupato per
tres potentissimos ac firmissimos populos totius Galliae
sese potiri posse sperant.

IV. Ea res est Helvetiis per indicium enuntiata. 1
moribus suis Orgetorigem ex vinculis causam dicere co-
ëgerunt. damnatum poenam sequi oportebat, ut igni
cremaretur. die constituta causae dictionis Orgetorix ad 2
iudicium omnem suam familiam, ad hominum milia decem, undique coëgit et omnes clientes obaeratosque suos,
quorum magnum numerum habebat, eodem conduxit; per
eos, ne causam diceret, se eripuit. cum civitas ob eam 3
rem incitata armis ius suum exsequi conaretur, multitu-
dinemque hominum ex agris magistratus cogerent, Orgetorix mortuus est; neque abest suspicio, ut Helvetii 4
arbitrantur, quin ipse sibi mortem consciverit.

V. Post eius mortem nihilo minus Helvetii id, quod 1
constituerant, facere conantur, ut e finibus suis exeant.
ubi iam se ad eam rem paratos esse arbitrati sunt, op- 2
pida sua omnia, numero ad duodecim, vicos ad quadrin- 3
gentos, reliqua privata aedificia incendunt, frumentum
omne, praeterquam quod secum portaturi erant, com-
burunt, ut domum reditionis spe sublata paratiores ad
omnia pericula subeunda essent, trium mensum molita
cibaria sibi quemque domo efferre iubent. persuadent 4
Rauricis et Tulingis et Latovicis finitimis suis, uti eodem
usi consilio oppidis suis vicisque exustis una cum iis
proficiscantur, Boiosque, qui trans Rhenum incoluerant et
in agrum Noricum transierant Noreiamque oppugnarant,
receptos ad se socios sibi asciscunt.

VI. Erant omnino itinera duo, quibus itineribus 1
domo exire possent: unum per Sequanos, angustum et
difficile, inter montem Iuram et flumen Rhodanum, vix

qua singuli carri ducerentur; mons autem altissimus im-
2 pendebat, ut facile perpauci prohibere possent; alterum
per provinciam nostram, multo facilius atque expeditius,
propterea quod inter fines Helvetiorum et Allobrogum,
qui nuper pacati erant, Rhodanus fluit isque nonnullis
3 locis vado transitur. extremum oppidum Allobrogum est
proximumque Helvetiorum finibus Genava. ex eo oppido
pons ad Helvetios pertinet. Allobrogibus sese vel per-
suasuros, quod nondum bono animo in populum Romanum viderentur, existimabant vel vi coacturos, ut per
4 suos fines eos ire paterentur. omnibus rebus ad profectionem comparatis diem dicunt, qua die ad ripam
Rhodani omnes conveniant. is dies erat a. d. V. Kal.
Apr. L. Pisone, A. Gabinio consulibus.

1   VII. Caesari cum id nuntiatum esset, eos per provinciam nostram iter facere conari, maturat ab urbe proficisci et, quam maximis potest itineribus, in Galliam
2 ulteriorem contendit et ad Genavam pervenit. provinciae
toti quam maximum potest militum numerum imperat
— erat omnino in Gallia ulteriore legio una — pontem,
3 qui erat ad Genavam, iubet rescindi. ubi de eius adventu Helvetii certiores facti sunt, legatos ad eum mittunt
nobilissimos civitatis, cuius legationis Nammeius et Veru-
cloetius principem locum obtinebant, qui dicerent, sibi
esse in animo sine ullo maleficio iter per provinciam
facere, propterea quod aliud iter haberent nullum: ro-
4 gare, ut eius voluntate id sibi facere liceat. Caesar,
quod memoria tenebat, L. Cassium consulem occisum
exercitumque eius ab Helvetiis pulsum et sub iugum
missum, concedendum non putabat; neque homines inimico animo data facultate per provinciam itineris faciendi temperaturos ab iniuria et maleficio existimabat.
5 tamen, ut spatium intercedere posset, dum milites, quos
imperaverat, convenirent, legatis respondit diem se ad

facere, qui non longe a Tolosatium finibus absunt, quae
2 civitas est in provincia. id si fieret, intellegebat magno
cum periculo provinciae futurum, ut homines bellicosos,
populi Romani inimicos, locis patentibus maximeque fru-
3 mentariis finitimos haberet. ob eas causas ei munitioni,
quam fecerat, T. Labienum legatum praefecit; ipse in Italiam magnis itineribus contendit duasque ibi legiones con-
scribit et tres, quae circum Aquileiam hiemabant, ex
hibernis educit et, qua proximum iter in ulteriorem Galliam per Alpes erat, cum his quinque legionibus ire con-
4 tendit. ibi Ceutrones et Graioceli et Caturiges locis
superioribus occupatis itinere exercitum prohibere conan-
5 tur. compluribus his proeliis pulsis, ab Ocelo, quod est
citerioris provinciae extremum, in fines Vocontiorum ulte-
rioris provinciae die septimo pervenit; inde in Allobrogum
fines, ab Allobrogibus in Segusiavos exercitum ducit. hi
sunt extra provinciam trans Rhodanum primi.

1   XI. Helvetii iam per angustias et fines Sequanorum
suas copias traduxerant et in Aeduorum fines pervenerant
2 eorumque agros populabantur. Aedui, cum se suaque ab
iis defendere non possent, legatos ad Caesarem mittunt
3 rogatum auxilium: ita se omni tempore de populo Romano meritos esse, ut paene in conspectu exercitus
nostri agri vastari, liberi eorum in servitutem abduci,
4 oppida expugnari non debuerint. eodem tempore Ambarri, necessarii et consanguinei Aeduorum, Caesarem
certiorem faciunt, sese depopulatis agris non facile ab
5 oppidis vim hostium prohibere. item Allobroges, qui
trans Rhodanum vicos possessionesque habebant, fuga
se ad Caesarem recipiunt et demonstrant, sibi praeter
6 agri solum nihil esse reliqui. quibus rebus adductus
Caesar non exspectandum sibi statuit, dum omnibus
fortunis sociorum consumptis in Santonos Helvetii per-
venirent.

XII. Flumen est Arar, quod per fines Aeduorum 1
et Sequanorum in Rhodanum influit, incredibili lenitate,
ita ut oculis, in utram partem fluat, iudicari non possit.
id Helvetii ratibus ac lintribus iunctis transibant. ubi 2
per exploratores Caesar certior factus est, tres iam partes copiarum Helvetios id flumen traduxisse, quartam
fere partem citra flumen Ararim reliquam esse, de tertia
vigilia cum legionibus tribus e castris profectus ad eam
partem pervenit, quae nondum flumen transierat. eos 3
impeditos et inopinantes aggressus magnam partem eorum concidit; reliqui sese fugae mandarunt atque in
proximas silvas abdiderunt. is pagus appellabatur Tigu- 4
rinus; nam omnis civitas Helvetia in quattuor pagos
divisa est. hic pagus unus, cum domo exisset patrum 5
nostrorum memoria, L. Cassium consulem interfecerat et
eius exercitum sub iugum miserat. ita sive casu sive 6
consilio deorum immortalium, quae pars civitatis Helve-
tiae insignem calamitatem populo Romano intulerat, ea
princeps poenas persolvit. qua in re Caesar non solum 7
publicas, sed etiam privatas iniurias ultus est, quod eius
soceri L. Pisonis avum, L. Pisonem legatum, Tigurini
eodem proelio, quo Cassium, interfecerant.

XIII. Hoc proelio facto reliquas copias Helvetiorum 1
ut consequi posset, pontem in Arare faciendum curat
atque ita exercitum traducit. Helvetii repentino eius ad- 2
ventu commoti, cum id, quod ipsi diebus XX aegerrime
confecerant, ut flumen transirent, illum uno die fecisse
intellegerent, legatos ad eum mittunt; cuius legationis
Divico princeps fuit, qui bello Cassiano dux Helvetiorum
fuerat. is ita cum Caesare egit: si pacem populus Ro- 3
manus cum Helvetiis faceret, in eam partem ituros atque
ibi futuros Helvetios, ubi eos Caesar constituisset atque
esse voluisset; sin bello persequi perseveraret, remini- 4
sceretur et veteris incommodi populi Romani et pristinae

5 virtutis Helvetiorum. quod improviso unum pagum ad-
ortus esset, cum ii, qui flumen transissent, suis auxilium
ferre non possent, ne ob eam rem aut suae magnopere
6 virtuti tribueret aut ipsos despiceret. se ita a patribus
maioribusque suis didicisse, ut magis virtute contenderent
7 quam dolo aut insidiis niterentur. quare ne committeret,
ut is locus, ubi constitissent, ex calamitate populi Romani et internecione exercitus nomen caperet aut memoriam proderet.

1 　　　XIV. His Caesar ita respondit: eo sibi minus dubi-
tationis dari, quod eas res, quas legati Helvetii commemo-
rassent, memoria teneret, atque eo gravius ferre, quo minus
2 merito populi Romani accidissent: qui si alicuius iniuriae
sibi conscius fuisset, non fuisse difficile cavere; sed eo
deceptum, quod neque commissum a se intellegeret, quare
3 timeret, neque sine causa timendum putaret. quod si
veteris contumeliae oblivisci vellet, num etiam recentium
iniuriarum, quod eo invito iter per provinciam per vim
temptassent, quod Aeduos, quod Ambarros, quod Allo-
4 brogas vexassent, memoriam deponere posse? quod
sua victoria tam insolenter gloriarentur quodque tam
diu se impune iniurias tulisse admirarentur, eodem per-
5 tinere. consuesse enim deos immortales, quo gravius
homines ex commutatione rerum doleant, quos pro sce-
lere eorum ulcisci velint, his secundiores interdum res
6 et diuturniorem impunitatem concedere. cum ea ita
sint, tamen, si obsides ab iis sibi dentur, uti ea, quae
polliceantur, facturos intellegat, et si Aeduis de iniuriis,
quas ipsis sociisque eorum intulerint, item si Allobrogibus satisfaciant, sese cum iis pacem esse facturum.
7 Divico respondit: ita Helvetios a maioribus suis in-
stitutos esse, uti obsides accipere, non dare consuerint:
eius rei populum Romanum esse testem. hoc responso
dato discessit.

magna ex parte eorum precibus adductus bellum susceperit; multo etiam gravius, quod sit destitutus, queritur.

1 XVII. Tum demum Liscus oratione Caesaris adductus, quod antea tacuerat, proponit: esse nonnullos, quorum auctoritas apud plebem plurimum valeat, qui 2 privatim plus possint quam ipsi magistratus: hos seditiosa atque improba oratione multitudinem deterrere, ne 3 frumentum conferant quod debeant; praestare, si iam principatum Galliae obtinere non possint, Gallorum quam 4 Romanorum imperia perferre; neque dubitare, quin, si Helvetios superaverint Romani, una cum reliqua Gallia 5 Aeduis libertatem sint erepturi. ab eisdem nostra consilia, quaeque in castris gerantur, hostibus enuntiari: hos 6 a se coërceri non posse. quin etiam, quod necessaria re coactus Caesari enuntiarit, intellegere sese, quanto id cum periculo fecerit, et ob eam causam, quamdiu potuerit, tacuisse.

1 XVIII. Caesar hac oratione Lisci Dumnorigem, Divitiaci fratrem, designari sentiebat, sed quod pluribus praesentibus eas res iactari nolebat, celeriter concilium 2 dimittit, Liscum retinet. quaerit ex solo ea, quae in conventu dixerat. dicit liberius atque audacius. eadem 3 secreto ab aliis quaerit, reperit esse vera: ipsum esse Dumnorigem, summa audacia, magna apud plebem propter liberalitatem gratia, cupidum rerum novarum. com plures annos portoria reliquaque omnia Aeduorum vectigalia parvo pretio redempta habere, propterea quod illo 4 licente contra liceri audeat nemo. his rebus et suam rem familiarem auxisse et facultates ad largiendum magnas 5 comparasse; magnum numerum equitatus suo sumptu 6 semper alere et circum se habere, neque solum domi, sed etiam apud finitimas civitates largiter posse, atque huius potentiae causa matrem in Biturigibus homini illic 7 nobilissimo ac potentissimo collocasse, ipsum ex Helvetiis

uxorem habere, sororem ex matre et propinquas suas
nuptum in alias civitates collocasse. favere et cupere 8
Helvetiis propter eam affinitatem, odisse etiam suo nomine Caesarem et Romanos, quod eorum adventu potentia eius deminuta et Divitiacus frater in antiquum
locum gratiae atque honoris sit restitutus. si quid ac- 9
cidat Romanis, summam in spem per Helvetios regni
obtinendi venire; imperio populi Romani non modo de
regno, sed etiam de ea, quam habeat, gratia desperare.
reperiebat etiam in quaerendo Caesar, quod proelium 10
equestre adversum paucis ante diebus esset factum, initium eius fugae factum a Dumnorige atque eius equitibus — nam equitatui, quem auxilio Caesari Aedui
miserant, Dumnorix praeerat — eorum fuga reliquum
esse equitatum perterritum.

XIX. Quibus rebus cognitis, cum ad has suspi- 1
ciones certissimae res accederent, quod per fines Sequanorum Helvetios traduxisset, quod obsides inter eos dandos
curasset, quod ea omnia non modo iniussu suo et civitatis,
sed etiam inscientibus ipsis fecisset, quod a magistratu
Aeduorum accusaretur, satis esse causae arbitrabatur,
quare in eum aut ipse animadverteret aut civitatem ani-
madvertere iuberet. his omnibus rebus unum repugnabat, 2
quod Divitiaci fratris summum in populum Romanum
studium, summam in se voluntatem, egregiam fidem,
iustitiam, temperantiam cognoverat: nam, ne eius supplicio Divitiaci animum offenderet, verebatur. itaque 3
prius, quam quicquam conaretur, Divitiacum ad se vocari
iubet et cotidianis interpretibus remotis per C. Valerium
Troucillum, principem Galliae provinciae, familiarem
suum, cui summam omnium rerum fidem habebat, cum
eo colloquitur; simul commonefacit, quae ipso praesente 4
in concilio Gallorum de Dumnorige sint dicta, et ostendit, quae separatim quisque de eo apud se dixerit; petit 5

1 XXIV. Postquam id animum advertit, copias suas Caesar in proximum collem subducit equitatumque, qui 2 sustineret hostium impetum, misit. ipse interim in colle medio triplicem aciem instruxit legionum quattuor veteranarum; in summo iugo duas legiones, quas in Gallia citeriore proxime conscripserat, et omnia auxilia collocavit 3 ac totum montem hominibus complevit; sarcinas in unum locum conferri et eum ab his, qui in superiore acie con- 4 stiterant, muniri iussit. Helvetii cum omnibus suis carris secuti impedimenta in unum locum contulerunt; ipsi reiecto nostro equitatu phalange facta sub primam nostram aciem successerunt.

1 XXV. Caesar primum suo, deinde omnium ex conspectu remotis equis, ut aequato periculo spem 2 fugae tolleret, cohortatus suos proelium commisit. milites e loco superiore pilis missis facile hostium phalangem perfregerunt. ea disiecta gladiis destrictis in eos 3 impetum fecerunt. Gallis magno ad pugnam erat impedimento, quod pluribus eorum scutis uno ictu pilorum transfixis et colligatis, cum ferrum se inflexisset, neque evellere neque sinistra impedita satis commode 4 pugnare poterant, multi ut diu iactato brachio praeoptarent scutum manu emittere et nudo corpore pu- 5 gnare. tandem vulneribus defessi et pedem referre et quod mons aberat circiter mille passuum, eo se re- 6 cipere coeperunt. capto monte et succedentibus nostris Boii et Tulingi, qui hominum milibus circiter XV agmen hostium claudebant et novissimis praesidio erant, ex itinere nostros latere aperto aggressi circumvenire, et id conspicati Helvetii, qui in montem sese receperant, 7 rursus instare et proelium redintegrare coeperunt. Romani conversa signa bipertito intulerunt: prima et secunda acies, ut victis ac submotis resisteret, tertia, ut venientes sustineret.

convenerunt: intellegere sese, tametsi pro veteribus Hel- 2
vetiorum iniuriis ab his poenas bello repetisset, tamen
eam rem non minus ex usu terrae Galliae quam populi
Romani accidisse, propterea quod eo consilio florentis- 3
simis rebus domos suas Helvetii reliquissent, uti toti
Galliae bellum inferrent imperioque potirentur locumque
domicilio ex magna copia deligerent, quem ex omni
Gallia opportunissimum ac fructuosissimum iudicassent,
reliquasque civitates stipendiarias haberent. petierunt, 4
uti sibi concilium totius Galliae in diem certam indicere
idque Caesaris voluntate facere liceret: sese habere quas-
dam res, quas ex communi consensu ab eo petere vellent.
ea re permissa diem concilio constituerunt et iureiurando, 5
ne quis enuntiaret, nisi quibus communi consilio man-
datum esset, inter se sanxerunt.

XXXI. Eo concilio dimisso iidem principes civi- 1
tatum, qui ante fuerant, ad Caesarem reverterunt petie-
runtque, ut sibi secreto de sua omniumque salute cum
eo agere liceret. ea re impetrata sese omnes flentes 2
Caesari ad pedes proiecerunt: non minus se id contendere et laborare, ne ea, quae dixissent, enuntiarentur,
quam uti ea, quae vellent, impetrarent, propterea quod,
si enuntiatum esset, summum in cruciatum se venturos
viderent. locutus est pro his Divitiacus Aeduus: Galliae 3
totius factiones esse duas: harum alterius principatum
tenere Aeduos, alterius Arvernos. hi cum tantopere de 4
potentatu inter se multos annos contenderent, factum
esse, uti ab Arvernis Sequanisque Germani mercede ar-
cesserentur. horum primo circiter milia XV Rhenum 5
transisse; posteaquam agros et cultum et copias Gallorum homines feri ac barbari adamassent, traductos plures;
nunc esse in Gallia ad centum et XX milium numerum.
cum his Aeduos eorumque clientes semel atque iterum 6
armis contendisse; magnam calamitatem pulsos accepisse,

omnem nobilitatem, omnem senatum, omnem equitatum
7 amisisse. quibus proeliis calamitatibusque fractos, qui et
sua virtute et populi Romani hospitio atque amicitia plurimum ante in Gallia potuissent, coactos esse Sequanis
obsides dare nobilissimos civitatis et iureiurando civitatem
obstringere, sese neque obsides repetituros neque auxilium a populo Romano imploraturos neque recusaturos,
quo minus perpetuo sub illorum dicione atque imperio
8 essent. unum se esse ex omni civitate Aeduorum, qui
adduci non potuerit, ut iuraret aut liberos suos obsides
9 daret. ob eam rem se ex civitate profugisse et Romam
ad senatum venisse auxilium postulatum, quod solus neque
10 iureiurando neque obsidibus teneretur. sed peius victoribus Sequanis quam Aeduis victis accidisse, propterea
quod Ariovistus, rex Germanorum, in eorum finibus consedisset tertiamque partem agri Sequani, qui esset opti-
mus totius Galliae, occupavisset et nunc de altera parte
tertia Sequanos decedere iuberet, propterea quod paucis
mensibus ante Harudum milia hominum XXIV ad eum
11 venissent, quibus locus ac sedes pararentur. futurum
esse paucis annis, uti omnes ex Galliae finibus pelle-
rentur atque omnes Germani Rhenum transirent: neque
enim conferendum esse Gallicum cum Germanorum agro,
neque hanc consuetudinem victus cum illa comparandam.
12 Ariovistum autem, ut semel Gallorum copias vicerit, quod
proelium factum sit ad Magetobrigam, superbe et crudeliter imperare, obsides nobilissimi cuiusque liberos poscere
et in eos omnia exempla cruciatusque edere, si qua res
13 non ad nutum aut ad voluntatem eius facta sit. hominem esse barbarum, iracundum, temerarium: non posse
14 eius imperia diutius sustineri. nisi quid in Caesare
populoque Romano sit auxilii, omnibus Gallis idem esse
faciendum, quod Helvetii fecerint, ut domo emigrent,
aliud domicilium, alias sedes, remotas a Germanis, petant

Sequanos intellegebat; quod in tanto imperio populi Romani turpissimum sibi et reipublicae esse arbitrabatur.
3 paulatim autem Germanos consuescere Rhenum transire et in Galliam magnam eorum multitudinem venire, po-
4 pulo Romano periculosum videbat, neque sibi homines feros ac barbaros temperaturos existimabat, quin, cum omnem Galliam occupavissent, ut ante Cimbri Teutonique fecissent, in provinciam exirent atque inde in Italiam contenderent, praesertim cum Sequanos a provincia nostra Rhodanus divideret; quibus rebus quam maturrime oc-
5 currendum putabat. ipse autem Ariovistus tantos sibi spiritus, tantam arrogantiam sumpserat, ut ferendus non videretur.

1   XXXIV. Quamobrem placuit ei, ut ad Ariovistum legatos mitteret, qui ab eo postularent, uti aliquem locum medium utriusque colloquio deligeret: velle sese de re
2 publica et summis utriusque rebus cum eo agere. ei legationi Ariovistus respondit: si quid ipsi a Caesare opus esset, sese ad eum venturum fuisse; si quid ille se velit,
3 illum ad se venire oportere. praeterea se neque sine exercitu in eas partes Galliae venire audere, quas Caesar possideret, neque exercitum sine magno commeatu atque
4 molimento in unum locum contrahere posse. sibi autem mirum videri, quid in sua Gallia, quam bello vicisset, aut Caesari aut omnino populo Romano negotii esset.

1   XXXV. His responsis ad Caesarem relatis, iterum
2 ad eum Caesar legatos cum his mandatis mittit: quoniam tanto suo populique Romani beneficio affectus, cum in consulatu suo rex atque amicus a senatu appellatus esset, hanc sibi populoque Romano gratiam referret, ut in colloquium venire invitatus gravaretur neque de communi re dicendum sibi et cognoscendum putaret, haec esse,
3 quae ab eo postularet: primum, ne quam multitudinem hominum amplius trans Rhenum in Galliam traduceret;

deinde obsides, quos haberet ab Aeduis, redderet Sequanisque permitteret, ut, quos illi haberent, voluntate eius reddere illis liceret; neve Aeduos iniuria lacesseret, neve his sociisque eorum bellum inferret. si id ita fecisset, 4 sibi populoque Romano perpetuam gratiam atque amicitiam cum eo futuram: si non impetraret, sese, quoniam M. Messala, M. Pisone consulibus senatus censuisset, uti, quicumque Galliam provinciam obtineret, quod commodo reipublicae facere posset, Aeduos ceterosque amicos populi Romani defenderet, se Aeduorum iniurias non neglecturum.

XXXVI. Ad haec Ariovistus respondit: ius esse 1 belli, ut, qui vicissent, iis, quos vicissent, quemadmodum vellent, imperarent: item populum Romanum victis non ad alterius praescriptum, sed ad suum arbitrium imperare consuesse. si ipse populo Romano non praescriberet, 2 quemadmodum suo iure uteretur, non oportere sese a populo Romano in suo iure impediri. Aeduos sibi, quo- 3 niam belli fortunam temptassent et armis congressi ac superati essent, stipendiarios esse factos. magnam Cae- 4 sarem iniuriam facere, qui suo adventu vectigalia sibi deteriora faceret. Aeduis se obsides redditurum non esse, 5 neque iis neque eorum sociis iniuria bellum illaturum, si in eo manerent, quod convenisset, stipendiumque quotannis penderent; si id non fecissent, longe iis fraternum nomen populi Romani afuturum. quod sibi Caesar de- 6 nuntiaret, se Aeduorum iniurias non neglecturum, neminem secum sine sua pernicie contendisse. cum vellet, 7 congrederetur: intellecturum, quid invicti Germani, exercitatissimi in armis, qui inter annos XIV tectum non subissent, virtute possent.

XXXVII. Haec eodem tempore Caesari mandata 1 referebantur, et legati ab Aeduis et a Treveris veniebant: Aedui questum, quod Harudes, qui nuper in Galliam 2

transportati essent, fines eorum popularentur: sese ne obsidibus quidem datis pacem Ariovisti redimere potuisse;
3 Treveri autem, pagos centum Sueborum ad ripas Rheni consedisse, qui Rhenum transire conarentur; his praeesse
4 Nasuam et Cimberium fratres. quibus rebus Caesar vehementer commotus maturandum sibi existimavit, ne, si nova manus Sueborum cum veteribus copiis Ariovisti sese
5 coniunxisset, minus facile resisti posset. itaque re frumentaria, quam celerrime potuit, comparata magnis itineribus ad Ariovistum contendit.

1   XXXVIII. Cum tridui viam processisset, nuntiatum est ei, Ariovistum cum suis omnibus copiis ad occupandum Vesontionem, quod est oppidum maximum Sequanorum,
2 contendere triduique viam a suis finibus profecisse. id ne accideret, magnopere sibi praecavendum Caesar existi-
3 mabat. namque omnium rerum, quae ad bellum usui
4 erant, summa erat in eo oppido facultas, idque natura loci sic muniebatur, ut magnam ad ducendum bellum daret facultatem, propterea quod flumen Dubis ut circino
5 circumductum paene totum oppidum cingit; reliquum spatium, quod est non amplius pedum mille sexcentorum, qua flumen intermittit, mons continet magna altitudine, ita ut radices montis ex utraque parte ripae fluminis con-
6 tingant. hunc murus circumdatus arcem efficit et cum
7 oppido coniungit. huc Caesar magnis nocturnis diurnisque itineribus contendit occupatoque oppido ibi praesidium collocat.

1   XXXIX. Dum paucos dies ad Vesontionem rei frumentariae commeatusque causa moratur, ex percontatione nostrorum vocibusque Gallorum ac mercatorum, qui ingenti magnitudine corporum Germanos, incredibili virtute atque exercitatione in armis esse praedicabant
— saepenumero sese cum his congressos ne vultum quidem atque aciem oculorum ferre potuisse — tantus subito

timor omnem exercitum occupavit, ut non mediocriter
omnium mentes animosque perturbaret. hic primum ortus 2
est a tribunis militum, praefectis reliquisque, qui ex urbe
amicitiae causa Caesarem secuti non magnum in re militari usum habebant: quorum alius alia causa illata, quam 3
sibi ad proficiscendum necessariam esse diceret, petebat,
ut eius voluntate discedere liceret; nonnulli pudore adducti, ut timoris suspicionem vitarent, remanebant. hi 4
neque vultum fingere neque interdum lacrimas tenere
poterant: abditi in tabernaculis aut suum fatum querebantur aut cum familiaribus suis commune periculum
miserabantur. vulgo totis castris testamenta obsigna-
bantur. horum vocibus ac timore paulatim etiam ii, qui 5
magnum in castris usum habebant, milites centurionesque quique equitatui praeerant, perturbabantur. qui se 6
ex his minus timidos existimari volebant, non se hostem
vereri, sed angustias itineris et magnitudinem silvarum,
quae intercederent inter ipsos atque Ariovistum, aut rem
frumentariam, ut satis commode supportari posset, timere
dicebant. nonnulli etiam Caesari nuntiarant, cum castra 7
moveri ac signa ferri iussisset, non fore dicto audientes
milites neque propter timorem signa laturos.

    XL. Haec cum animadvertisset, convocato con- 1
silio omniumque ordinum ad id consilium adhibitis centurionibus, vehementer eos incusavit: primum quod, aut
quam in partem aut quo consilio ducerentur, sibi quae-
rendum aut cogitandum putarent. Ariovistum se consule 2
cupidissime populi Romani amicitiam appetisse: cur hunc
tam temere quisquam ab officio discessurum iudicaret?
sibi quidem persuaderi, cognitis suis postulatis atque 3
aequitate condicionum perspecta eum neque suam neque
populi Romani gratiam repudiaturum. quod si furore 4
atque amentia impulsus bellum intulisset, quid tandem
vererentur? aut cur de sua virtute aut de ipsius diligentia

5 desperarent? factum eius hostis periculum patrum nostrorum memoria, cum Cimbris et Teutonis a Gaio Mario pulsis non minorem laudem exercitus quam ipse imperator meritus videbatur; factum etiam nuper in Italia servili tumultu, quos tamen aliquid usus ac disciplina,
6 quam a nobis accepissent, sublevarent. ex quo iudicari posse, quantum haberet in se boni constantia, propterea quod, quos aliquamdiu inermos sine causa timuissent,
7 hos postea armatos ac victores superassent. denique hos esse eosdem, quibuscum saepenumero Helvetii congressi non solum in suis, sed etiam in illorum finibus plerumque superarint, qui tamen pares esse nostro exercitui non
8 potuerint. si quos adversum proelium et fuga Gallorum commoveret, hos, si quaererent, reperire posse, diuturnitate belli defatigatis Gallis Ariovistum, cum multos menses castris se ac paludibus tenuisset neque sui potestatem fecisset, desperantes iam de pugna et dispersos subito adortum
9 ortum magis ratione et consilio quam virtute vicisse. cui rationi contra homines barbaros atque imperitos locus fuisset, hac ne ipsum quidem sperare nostros exercitus capi
10 posse. qui suum timorem in rei frumentariae simulationem angustiasque itineris conferrent, facere arroganter, cum aut de officio imperatoris desperare aut praescribere
11 viderentur. haec sibi esse curae; frumentum Sequanos, Leucos, Lingones subministrare, iamque esse in agris frumenta matura; de itinere ipsos brevi tempore iudica-
12 turos. quod non fore dicto audientes neque signa laturi dicantur, nihil se ea re commoveri: scire enim, quibuscumque exercitus dicto audiens non fuerit, aut male re gesta fortunam defuisse, aut aliquo facinore comperto ava-
13 ritiam esse convictam: suam innocentiam perpetua vita,
14 felicitatem Helvetiorum bello esse perspectam. itaque se, quod in longiorem diem collaturus fuisset, repraesentaturum et proxima nocte de quarta vigilia castra moturum,

ut quam primum intellegere posset, utrum apud eos pudor atque officium an timor valeret. quod si praeterea nemo 15 sequatur, tamen se cum sola decima legione iturum, de qua non dubitaret, sibique eam praetoriam cohortem futuram. huic legioni Caesar et indulserat praecipue et propter virtutem confidebat maxime. ·

XLI. Hac oratione habita mirum in modum con- 1 versae sunt omnium mentes summaque alacritas et cupiditas belli gerendi iniecta est, princepsque decima legio 2 per tribunos militum ei gratias egit, quod de se optimum iudicium fecisset, seque esse ad bellum gerendum paratissimam confirmavit. deinde reliquae legiones cum tri- 3 bunis militum et primorum ordinum centurionibus egerunt, uti Caesari satisfacerent: se neque umquam dubitasse neque timuisse, neque de summa belli suum iudicium, sed imperatoris esse existimavisse. eorum satisfactione 4 accepta et itinere exquisito per Divitiacum, quod ex Gallis ei maximam fidem habebat, ut milium amplius quinquaginta circuitu locis apertis exercitum duceret, de quarta vigilia, ut dixerat, profectus est. septimo die, cum iter 5 non intermitteret, ab exploratoribus certior factus est, Ariovisti copias a nostris milibus passuum quattuor et XX abesse.

XLII. Cognito Caesaris adventu Ariovistus lega- 1 tos ad eum mittit: quod antea de colloquio postulasset, id per se fieri licere, quoniam propius accessisset, seque id sine periculo facere posse existimare. non respuit 2 condicionem Caesar, iamque eum ad sanitatem reverti arbitrabatur, cum id, quod antea petenti denegasset, ultro polliceretur, magnamque in spem veniebat, pro suis tantis 3 populique Romani in eum beneficiis, cognitis suis postulatis fore, uti pertinacia desisteret. dies colloquio dictus est ex eo die quintus. interim saepe ultro citroque cum 4 legati inter eos mitterentur, Ariovistus postulavit, ne

quem peditem ad colloquium Caesar adduceret: vereri se,
ne per insidias ab eo circumveniretur; uterque cum equi-
5 tatu veniret; alia ratione sese non esse venturum. Caesar,
quod neque colloquium interposita causa tolli volebat neque salutem suam Gallorum equitatui committere audebat,
commodissimum esse statuit, omnibus equis Gallis equitibus detractis eo legionarios milites legionis decimae,
cui maxime confidebat, imponere, ut praesidium quam
6 amicissimum, si quid opus facto esset, haberet. quod
cum fieret, non irridicule quidam ex militibus decimae
legionis dixit: plus quam pollicitus esset, Caesarem facere: pollicitum se in cohortis praetoriae loco decimam
legionem habiturum, ad equum rescribere.

1 XLIII. Planicies erat magna et in ea tumulus ter-
renus satis grandis. hic locus aequo fere spatio ab ca-
2 stris Ariovisti et Caesaris aberat. eo, ut erat dictum, ad
colloquium venerunt. legionem Caesar, quam equis ve-
xerat, passibus ducentis ab eo tumulo constituit. item
3 equites Ariovisti pari intervallo constiterunt. Ariovistus,
ex equis ut colloquerentur et praeter se denos ad
4 colloquium adducerent, postulavit. ubi eo ventum est,
Caesar initio orationis sua senatusque in eum beneficia
commemoravit, quod rex appellatus esset a senatu, quod
amicus, quod munera amplissime missa: quam rem et
paucis contigisse et pro magnis hominum officiis con-
5 suesse tribui docebat; illum, cum neque aditum neque
causam postulandi iustam haberet, beneficio ac liberali-
6 tate sua ac senatus ea praemia consecutum. docebat etiam,
quam veteres quamque iustae causae necessitudinis ipsis
7 cum Aeduis intercederent, quae senatus consulta quotiens
quamque honorifica in eos facta essent, ut omni tempore
totius Galliae principatum Aedui tenuissent, prius etiam,
8 quam nostram amicitiam appetissent. populi Romani
hanc esse consuetudinem, ut socios atque amicos non

modo sui nihil deperdere, sed gratia, dignitate, honore
auctiores velit esse; quod vero ad amicitiam populi Romani attulissent, id iis eripi quis pati posset? postulavit 9
deinde eadem, quae legatis in mandatis dederat: ne aut
Aeduis aut eorum sociis bellum inferret; obsides redderet;
si nullam partem Germanorum domum remittere posset,
at ne quos amplius Rhenum transire pateretur.

XLIV. Ariovistus ad postulata Caesaris pauca re- 1
spondit, de suis virtutibus multa praedicavit: transisse 2
Rhenum sese non sua sponte, sed rogatum et arcessitum
a Gallis; non sine magna spe magnisque praemiis domum
propinquosque reliquisse; sedes habere in Gallia ab ipsis
concessas, obsides ipsorum voluntate datos; stipendium
capere iure belli, quod victores victis imponere consuerint.
non sese Gallis, sed Gallos sibi bellum intulisse: omnes 3
Galliae civitates ad se oppugnandum venisse ac contra
se castra habuisse; eas omnes copias a se uno proelio
pulsas ac superatas esse. si iterum experiri velint, se 4
iterum paratum esse decertare; si pace uti velint, iniquum
esse de stipendio recusare, quod sua voluntate ad id
tempus pependerint. amicitiam populi Romani sibi or- 5
namento et praesidio, non detrimento esse oportere, idque
se ea spe petisse. si per populum Romanum stipendium
remittatur et dediticii subtrahantur, non minus libenter
sese recusaturum populi Romani amicitiam, quam appe-
tierit. quod multitudinem Germanorum in Galliam tra- 6
ducat, id se sui muniendi, non Galliae impugnandae
causa facere: eius rei testimonium esse, quod nisi rogatus
non venerit et quod bellum non intulerit, sed defenderit.
se prius in Galliam venisse quam populum Romanum. 7
numquam ante hoc tempus exercitum populi Romani
Galliae provinciae finibus egressum. quid sibi vellet? 8
cur in suas possessiones venerit? provinciam suam hanc
esse Galliam, sicut illam nostram. ut ipsi concedi non

oporteret, si in nostros fines impetum faceret, sic item nos
9 esse iniquos, quod in suo iure se interpellaremus. quod fratres Aeduos appellatos diceret, non se tam barbarum neque tam imperitum esse rerum, ut non sciret, neque bello
Allobrogum proximo Aeduos Romanis auxilium tulisse,
neque ipsos in his contentionibus, quas Aedui secum et
cum Sequanis habuissent, auxilio populi Romani usos
10 esse. debere se suspicari, simulata Caesarem amicitia,
quod exercitum in Gallia habeat, sui opprimendi causa
11 habere. qui nisi decedat atque exercitum deducat ex his
regionibus, sese illum non pro amico, sed pro hoste habi-
12 turum. quod si eum interfecerit, multis sese nobilibus
principibusque populi Romani gratum esse facturum: id
se ab ipsis per eorum nuntios compertum habere, quorum
omnium gratiam atque amicitiam eius morte redimere
13 posset. quod si discessisset et liberam possessionem
Galliae sibi tradidisset, magno se illum praemio remu-
neraturum et, quaecumque bella geri vellet, sine ullo
eius labore et periculo confecturum.

1   XLV. Multa ab Caesare in eam sententiam dicta
sunt, quare negotio desistere non posset: neque suam
neque populi Romani consuetudinem pati, uti optime
merentes socios desereret, neque se iudicare, Galliam
2 potius esse Ariovisti quam populi Romani. bello supera-
tos esse Arvernos et Rutenos ab Quinto Fabio Maximo,
quibus populus Romanus ignovisset neque in provinciam
3 redegisset neque stipendium imposuisset. quod si anti-
quissimum quodque tempus spectari oporteret, populi Romani iustissimum esse in Gallia imperium; si iudicium
senatus observari oporteret, liberam debere esse Galliam,
quam bello victam suis legibus uti voluisset.

1   XLVI. Dum haec in colloquio geruntur, Caesari
nuntiatum est. equites Ariovisti propius tumulum accedere et ad nostros adequitare, lapides telaque in nostros

conicere. Caesar loquendi finem facit seque ad suos 2
recepit suisque imperavit, ne quod omnino telum in
hostes reicerent. nam etsi sine ullo periculo legionis 3
delectae cum equitatu proelium fore videbat, tamen committendum non putabat, ut pulsis hostibus dici posset, eos ab se per fidem in colloquio circumventos.
posteaquam in vulgus militum elatum est, qua arro- 4
gantia in colloquio Ariovistus usus omni Gallia Romanis interdixisset, impetumque ·in nostros eius equites
fecissent, eaque res colloquium ut diremisset, multo
maior alacritas studiumque pugnandi maius exercitui
iniectum est.

XLVII. Biduo post Ariovistus ad Caesarem lega- 1
tos mittit: velle se de his rebus, quae inter eos agi
coeptae neque perfectae essent, agere cum eo: uti aut
iterum colloquio diem constitueret aut, si id minus vellet,
e suis legatum aliquem ad se mitteret. colloquendi Cae- 2
sari causa visa non est, et eo magis, quod pridie eius
diei Germani retineri non potuerant, quin in nostros tela
conicerent. legatum e suis sese magno cum periculo ad 3
eum missurum et hominibus feris obiecturum existimabat.
commodissimum visum est Gaium Valerium Procillum, C. 4
Valerii Caburi filium, summa virtute et humanitate adulescentem, cuius pater a Gaio Valerio Flacco civitate
donatus erat, et propter fidem et propter linguae Gallicae scientiam, qua multa iam Ariovistus longinqua consuetudine utebatur, et quod in eo peccandi Germanis
causa non esset, ad eum mittere, et Marcum Metium,
qui hospitio Ariovisti utebatur. his mandavit ut, quae 5
diceret Ariovistus, cognoscerent et ad se referrent. quos 6
cum apud se in castris Ariovistus conspexisset, exercitu
suo praesente conclamavit: quid ad se venirent? an
speculandi causa? conantes dicere prohibuit et in cate-
nas coniecit.

1   XLVIII. Eodem die castra promovit et milibus pas-
2 suum sex a Caesaris castris sub monte consedit. postridie
eius diei praeter castra Caesaris suas copias traduxit et
milibus passuum duobus ultra eum castra fecit eo consilio, uti frumento commeatuque, qui ex Sequanis et
3 Aeduis supportaretur, Caesarem intercluderet. ex eo die
dies continuos quinque Caesar pro castris suas copias
produxit et aciem instructam habuit, ut, si vellet Ario-
4 vistus proelio contendere, ei potestas non deesset. Ariovistus his omnibus diebus exercitum castris continuit,
equestri proelio cotidie contendit. genus hoc erat pugnae,
5 quo se Germani exercuerant. equitum milia erant sex,
totidem numero pedites velocissimi ac fortissimi, quos ex
omni copia singuli singulos suae salutis causa delegerant.
cum his in proeliis versabantur; ad eos se equites reci-
6 piebant: hi, si quid erat durius, concurrebant, si qui
graviore vulnere accepto equo deciderat, circumsistebant;
7 si quo erat longius prodeundum aut celerius recipiendum,
tanta erat horum exercitatione celeritas, ut iubis sublevati
equorum cursum adaequarent.

1   XLIX. Ubi eum castris se tenere Caesar intellexit,
ne diutius commeatu prohiberetur, ultra eum locum, quo
in loco Germani consederant, circiter passus sexcentos
ab iis, castris idoneum locum delegit acieque triplici in-
2 structa ad eum locum venit. primam et secundam aciem
3 in armis esse, tertiam castra munire iussit. hic locus ab
hoste circiter passus sexcentos, uti dictum est, aberat.
eo circiter hominum numero sedecim milia expedita cum
omni equitatu Ariovistus misit, quae copiae nostros per-
4 terrerent et munitione prohiberent. nihilo secius Caesar,
ut ante constituerat, duas acies hostem propulsare, tertiam
5 opus perficere iussit. munitis castris duas ibi legiones
reliquit et partem auxiliorum, quattuor reliquas in castra
maiora reduxit.

3 commisit. ita nostri acriter in hostes signo dato impetum fecerunt, itaque hostes repente celeriterque procur-
4 rerunt, ut spatium pila in hostes coniciendi non daretur.
reiectis pilis comminus gladiis pugnatum est. at Germani
celeriter ex consuetudine sua phalange facta impetus
5 gladiorum exceperunt. reperti sunt complures nostri milites, qui in phalangas insilirent et scuta manibus revel-
6 lerent et desuper vulnerarent. cum hostium acies a
sinistro cornu pulsa atque in fugam coniecta esset, a
dextro cornu vehementer multitudine suorum nostram
7 aciem premebant. id cum animadvertisset Publius Crassus
adulescens, qui equitatui praeerat, quod expeditior erat
quam ii, qui inter aciem versabantur, tertiam aciem laborantibus nostris subsidio misit.

1   LIII. Ita proelium restitutum est, atque omnes hostes terga verterunt neque prius fugere destiterunt, quam
ad flumen Rhenum milia passuum ex eo loco circiter
2 quinque pervenerunt. ibi perpauci aut viribus confisi
tranare contenderunt aut lintribus inventis sibi salutem
3 reppererunt. in his fuit Ariovistus, qui naviculam deli-
gatam ad ripam nactus ea profugit: reliquos omnes equi-
4 tatu consecuti nostri interfecerunt. duae fuerunt Ariovisti
uxores, una Sueba natione, quam domo secum duxerat,
altera Norica, regis Voccionis soror, quam in Gallia duxe-
5 rat a fratre missam: utraque in ea fuga periit. duae
filiae harum altera occisa, altera capta est. Gaius Valerius Procillus, cum a custodibus in fuga trinis catenis
vinctus traheretur, in ipsum Caesarem hostes equitatu
6 persequentem incidit. quae quidem res Caesari non minorem quam ipsa victoria voluptatem attulit, quod hominem honestissimum provinciae Galliae, suum familiarem
et hospitem, ereptum e manibus hostium sibi restitutum
videbat, neque eius calamitate de tanta voluptate et
7 gratulatione quicquam fortuna deminuerat. is se praesente

de se ter sortibus consultum dicebat, utrum igni statim
necaretur an in aliud tempus reservaretur: sortium beneficio se esse incolumem. item Marcus Metius repertus 8
et ad eum reductus est.

LIV. Hoc proelio trans Rhenum nuntiato Suebi, 1
qui ad ripas Rheni venerant, domum reverti coeperunt;
quos Ubii, qui proximi Rhenum incolunt, perterritos insecuti magnum ex his numerum occiderunt. Caesar una 2
aestate duobus maximis bellis confectis maturius paulo,
quam tempus anni postulabat, in hiberna in Sequanos
exercitum deduxit; hibernis Labienum praeposuit; ipse 3
in citeriorem Galliam ad conventus agendos profectus est.

C. IULII CAESARIS
DE BELLO GALLICO
COMMENTARIUS SECUNDUS.

I. Cum esset Caesar in citeriore Gallia, ita uti 1
supra demonstravimus, crebri ad eum rumores afferebantur, litterisque item Labieni certior fiebat, omnes
Belgas, quam tertiam esse Galliae partem dixeramus,
contra populum Romanum coniurare obsidesque inter se
dare. coniurandi has esse causas: primum, quod vere- 2
rentur, ne omni pacata Gallia ad eos exercitus noster
adduceretur; deinde, quod ab nonnullis Gallis sollicitaren- 3
tur, partim qui, ut Germanos diutius in Gallia versari
noluerant, ita populi Romani exercitum hiemare atque
inveterascere in Gallia moleste ferebant, partim qui mo-
bilitate et levitate animi novis imperiis studebant; ab 4
nonnullis etiam, quod in Gallia a potentioribus atque iis,

qui ad conducendos homines facultates habebant, vulgo
regna occupabantur, qui minus facile eam rem imperio
nostro consequi poterant.

1   II. His nuntiis litterisque commotus Caesar duas
legiones in citeriore Gallia novas conscripsit et inita
aestate, in ulteriorem Galliam qui deduceret, Quintum
2 Pedium legatum misit. ipse, cum primum pabuli copia
3 esse inciperet, ad exercitum venit. dat negotium Senonibus reliquisque Gallis, qui finitimi Belgis erant, uti ea,
quae apud eos gerantur, cognoscant seque de his rebus
4 certiorem faciant. hi constanter omnes nuntiaverunt ma-
5 nus cogi, exercitum in unum locum conduci. tum vero
dubitandum non existimavit, quin ad eos proficisceretur.
6 re frumentaria comparata castra movet diebusque circiter
quindecim ad fines Belgarum pervenit.

1   III. Eo cum de improviso celeriusque omni opinione venisset, Remi, qui proximi Galliae ex Belgis sunt,
ad eum legatos Iccium et Andocumborium, primos civi-
2 tatis, miserunt, qui dicerent, se suaque omnia in fidem
atque in potestatem populi Romani permittere, neque se
cum Belgis reliquis consensisse neque contra populum
3 Romanum coniurasse, paratosque esse et obsides dare et
imperata facere et oppidis recipere et frumento ceteris-
4 que rebus iuvare; reliquos omnes Belgas in armis esse,
Germanosque, qui cis Rhenum incolant, sese cum his
5 coniunxisse, tantumque esse eorum omnium furorem, ut
ne Suessiones quidem, fratres consanguineosque suos,
qui eodem iure et iisdem legibus utantur, unum imperium
unumque magistratum cum ipsis habeant, deterrere potuerint, quin cum his consentirent.

1   IV. Cum ab his quaereret, quae civitates quantae-
que in armis essent et quid in bello possent, sic reperie
bat: plerosque Belgas esse ortos ab Germanis Rhenumque
antiquitus traductos propter loci fertilitatem ibi consedisse

Gallosque, qui ea loca incolerent, expulisse solosque esse, qui patrum nostrorum memoria omni Gallia vexata Teu- 2 tonos Cimbrosque intra fines suos ingredi prohibuerint: qua ex re fieri, uti earum rerum memoria magnam sibi 3 auctoritatem magnosque spiritus in re militari sumerent. de' numero eorum omnia se habere explorata Remi 4 dicebant, propterea quod propinquitatibus affinitatibus-que coniuncti, quantam quisque multitudinem in communi Belgarum concilio ad id bellum pollicitus sit, cognoverint. plurimum inter eos Bellovacos et virtute et auctoritate et 5 hominum numero valere: hos posse conficere armata mi-lia centum: pollicitos ex eo numero electa sexaginta totiusque belli imperium sibi postulare. Suessiones suos 6 esse finitimos; fines latissimos feracissimosque agros pos-sidere. apud eos fuisse regem nostra etiam memoria 7 Deviciacum, totius Galliae potentissimum, qui cum ma-gnae partis harum regionum, tum etiam Britanniae im-perium obtinuerit; nunc esse regem Galbam: ad hunc propter iustitiam prudentiamque summam totius belli omnium voluntate deferri; oppida habere numero XII, polliceri milia armata quinquaginta; totidem Nervios, qui 8 maxime feri inter ipsos habeantur longissimeque absint; quindecim milia Atrebates, Ambianos decem milia, Mo- 9 rinos XXV milia, Menapios VII milia, Caletos X milia, Veliocasses et Viromanduos totidem, Aduatucos decem et novem milia; Condrusos, Eburones, Caeroesos, Paema- 10 nos, qui uno nomine Germani appellantur, arbitrari ad XL milia.

V. Caesar Remos cohortatus liberaliterque oratione 1 prosecutus omnem senatum ad se convenire principum-que liberos obsides ad se adduci iussit. quae omnia ab his diligenter ad diem facta sunt. ipse Divitiacum Aeduum 2 magnopere cohortatus docet, quanto opere rei publicae communisque salutis intersit, manus hostium distineri,

ne cum tanta multitudine uno tempore confligendum sit.
3 id fieri posse, si suas copias Aedui in fines Bellovacorum
introduxerint et eorum agros populari coeperint. cum his
4 mandatis eum ab se dimittit. postquam omnes Belgarum
copias in unum locum coactas ad se venire vidit, neque iam longe abesse, ab iis, quos miserat, exploratoribus et ab Remis cognovit, flumen Axonam, quod est
in extremis Remorum finibus, exercitum traducere ma-
5 turavit atque ibi castra posuit. quae res et latus unum
castrorum ripis fluminis muniebat et, post eum quae
essent, tuta ab hostibus reddebat et, commeatus ab Remis reliquisque civitatibus ut sine periculo ad eum por-
6 tari possent, efficiebat. in eo flumine pons erat. ibi
praesidium ponit et in altera parte fluminis Quintum
Titurium Sabinum legatum cum sex cohortibus relinquit;
castra in altitudinem pedum XII vallo fossaque duode-
viginti pedum munire iubet.

1   VI. Ab his castris oppidum Remorum nomine Bi-
brax aberat milia passuum octo. id ex itinere magno
2 impetu Belgae oppugnare coeperunt. aegre eo die su-
stentatum est. Gallorum eadem atque Belgarum oppugnatio est haec. ubi circumiecta multitudine hominum
totis moenibus undique in murum lapides iaci coepti
sunt murusque defensoribus nudatus est, testudine facta
succedunt murumque subruunt. quod tum facile fiebat.
3 nam cum tanta multitudo lapides ac tela conicerent, in
4 muro consistendi potestas erat nulli. cum finem oppugnandi nox fecisset, Iccius Remus, summa nobilitate et
gratia inter suos, qui tum oppido praeerat, unus ex iis,
qui legati de pace ad Caesarem venerant, nuntium ad
eum mittit, nisi subsidium sibi submittatur, sese diutius
sustinere non posse.

1   VII. Eo de media nocte Caesar iisdem ducibus
usus, qui nuntii ab Iccio venerant, Numidas et Cretas

sagittarios et funditores Baleares subsidio oppidanis mittit; quorum adventu et Remis cum spe defensionis studium 2 propugnandi accessit, et hostibus eadem de causa spes potiundi oppidi discessit. itaque paulisper apud oppidum 3 morati agrosque Remorum depopulati, omnibus vicis aedificiisque, quo adire potuerant, incensis ad castra Caesaris omnibus copiis contenderunt et ab milibus passuum minus duobus castra posuerunt; quae castra, ut fumo atque 4 ignibus significabatur, amplius milibus passuum octo in latitudinem patebant.

VIII. Caesar primo et propter multitudinem hostium 1 et propter eximiam opinionem virtutis proelio supersedere statuit; cotidie tamen equestribus proeliis, quid hostis 2 virtute posset et quid nostri auderent, periclitabatur. ubi 3 nostros non esse inferiores intellexit, loco pro castris ad aciem instruendam natura opportuno atque idoneo, quod is collis, ubi castra posita erant, paululum ex planicie editus tantum adversus in latitudinem patebat, quantum loci acies instructa occupare poterat, atque ex utraque parte lateris deiectus habebat et in fronte leniter fastigatus paulatim ad planiciem redibat, ab utroque latere eius collis transversam fossam obduxit circiter passuum quadringentorum et ad extremas fossas castella consti- 4 tuit ibique tormenta collocavit, ne, cum aciem instruxisset, hostes, quod tantum multitudine poterant, ab lateribus pugnantes suos circumvenire possent. hoc facto duabus 5 legionibus, quas proxime conscripserat, in castris relictis, ut, si quo opus esset, subsidio duci possent, reliquas sex legiones pro castris in acie constituit. hostes item suas copias ex castris eductas instruxerant.

IX. Palus erat non magna inter nostrum atque 1 hostium exercitum. hanc si nostri transirent, hostes expectabant; nostri autem, si ab illis initium transeundi fieret, ut impeditos aggrederentur, parati in armis erant.

2 interim proelio equestri inter duas acies contendebatur. ubi neutri transeundi initium faciunt, secundiore equitum 3 proelio nostris, Caesar suos in castra reduxit. hostes protinus ex eo loco ad flumen Axonam contenderunt, 4 quod esse post nostra castra demonstratum est. ibi vadis repertis partem suarum copiarum traducere conati sunt, eo consilio, ut, si possent, castellum, cui praeerat Quintus Titurius legatus, expugnarent pontemque interscinderent; si minus potuissent, agros Remorum popularentur, qui magno nobis usui ad bellum gerendum erant, commeatuque nostros prohiberent.

1 X. Caesar certior factus ab Titurio omnem equitatum et levis armaturae Numidas, funditores sagittarios- 2 que pontem traducit atque ad eos contendit. acriter in eo loco pugnatum est. hostes impeditos nostri in flumine 3 aggressi magnum eorum numerum occiderunt; per eorum corpora reliquos audacissime transire conantes multitudine telorum reppulerunt; primos, qui transierant, equitatu 4 circumventos interfecerunt. hostes, ubi et de expugnando oppido et de flumine transeundo spem se fefellisse intellexerunt neque nostros in locum iniquiorem progredi pugnandi causa viderunt, atque ipsos res frumentaria deficere coepit, consilio convocato constituerunt optimum esse, domum suam quemque reverti et, quorum in fines primum Romani exercitum introduxissent, ad eos defendendos undique convenire, ut potius in suis quam in alienis finibus decertarent et domesticis copiis rei fru- 5 mentariae uterentur. ad eam sententiam cum reliquis causis haec quoque ratio eos deduxit, quod Divitiacum atque Aeduos finibus Bellovacorum appropinquare cognoverant. his persuaderi, ut diutius morarentur neque suis auxilium ferrent, non poterat.

1 XI. Ea re constituta, secunda vigilia magno cum strepitu ac tumultu castris egressi nullo certo ordine ne-

que imperio, cum sibi quisque primum itineris locum
peteret et domum pervenire properaret, fecerunt, ut con-
similis fugae profectio videretur. hac re statim Caesar 2
per speculatores cognita insidias veritus, quod, qua de
causa discederent, nondum perspexerat, exercitum equitatumque castris continuit. prima luce confirmata re 3
ab exploratoribus, omnem equitatum, qui novissimum
agmen moraretur, praemisit. his Quintum Pedium et
Lucium Aurunculeium Cottam legatos praefecit; Titum
Labienum legatum cum legionibus tribus subsequi iussit.
hi novissimos adorti et multa milia passuum prosecuti 4
magnam multitudinem eorum fugientium conciderunt,
cum ab extremo agmine, ad quos ventum erat, consisterent fortiterque impetum nostrorum militum sustinerent,
priores, quod abesse a periculo viderentur neque ulla 5
necessitate neque imperio continerentur, exaudito clamore
perturbatis ordinibus omnes in fuga sibi praesidium ponerent. ita sine ullo periculo tantam eorum multitudi- 6
nem nostri interfecerunt, quantum fuit diei spatium, sub
occasumque solis destiterunt seque in castra, ut erat
imperatum, receperunt.

XII. Postridie eius diei Caesar, priusquam se ho- 1
stes ex terrore ac fuga reciperent, in fines Suessionum,
qui proximi Remis erant, exercitum duxit et magno
itinere confecto ad oppidum Noviodunum contendit. id 2
ex itinere oppugnare conatus, quod vacuum ab defensoribus esse audiebat, propter latitudinem fossae murique
altitudinem paucis defendentibus expugnare non potuit.
castris munitis vineas agere, quaeque ad oppugnandum 3
usui erant, comparare coepit. interim omnis ex fuga 4
Suessionum multitudo in oppidum proxima nocte convenit. celeriter vineis ad oppidum actis, aggere iacto 5
turribusque constitutis magnitudine operum, quae neque
viderant ante Galli neque audierant, et celeritate Roma-

norum permoti legatos ad Caesarem de deditione mittunt
et petentibus Remis, ut conservarentur, impetrant.

1   XIII. Caesar obsidibus acceptis primis civitatis
atque ipsius Galbae regis duobus filiis armisque omnibus
ex oppido traditis in deditionem Suessiones accepit exer-
2 citumque in Bellovacos ducit. qui cum se suaque omnia in oppidum Bratuspantium contulissent, atque ab eo
oppido Caesar cum exercitu circiter milia passuum quinque abesset, omnes maiores natu ex oppido egressi
manus ad Caesarem tendere et voce significare coeperunt,
sese in eius fidem ac potestatem venire neque contra
3 populum Romanum armis contendere. item, cum ad
oppidum accessisset castraque ibi poneret, pueri mulie-
resque ex muro passis manibus suo more pacem ab
Romanis petierunt.

1   XIV. Pro his Divitiacus — nam post discessum
Belgarum dimissis Aeduorum copiis ad eum reverterat —
2 facit verba: Bellovacos omni tempore in fide atque ami-
3 citia civitatis Aeduae fuisse; impulsos ab suis principibus,
qui dicerent, Aeduos ab Caesare in servitutem redactos
omnes indignitates contumeliasque perferre, et ab Aeduis
4 defecisse et populo Romano bellum intulisse. qui eius
consilii principes fuissent, quod intellegerent, quantam
calamitatem civitati intulissent, in Britanniam profugisse.
5 petere non solum Bellovacos, sed etiam pro his Aeduos,
6 ut sua clementia ac mansuetudine in eos utatur. quod
si fecerit, Aeduorum auctoritatem apud omnes Belgas
amplificaturum; quorum auxiliis atque opibus, si qua
bella inciderint, sustentare consuerint.

1   XV. Caesar honoris Divitiaci atque Aeduorum causa
sese eos in fidem recepturum et conservaturum dixit;
quod erat civitas magna inter Belgas auctoritate atque
hominum multitudine praestabat, sexcentos obsides po-
2 poscit. his traditis omnibusque armis ex oppido collatis

ab eo loco in fines Ambianorum pervenit, qui se suaque omnia sine mora dediderunt. eorum fines Nervii
attingebant; quorum de natura moribusque Caesar cum 3
quaereret, sic reperiebat: nullum aditum esse ad eos mer- 4
catoribus; nihil pati vini reliquarumque rerum ad luxu-
riam pertinentium inferri, quod iis rebus relanguescere
animos et remitti virtutem existimarent; esse homines 5
feros magnaeque virtutis, increpitare atque incusare reliquos Belgas, qui se populo Romano dedidissent patriam-
que virtutem proiecissent; confirmare sese neque legatos
missuros neque ullam condicionem pacis accepturos.

XVI.   Cum per eorum fines triduum iter fecisset, 1
inveniebat ex captivis, Sabim flumen ab castris suis non
amplius milia passuum X abesse: trans id flumen omnes 2
Nervios consedisse adventumque ibi Romanorum exspectare una cum Atrebatis et Viromanduis, finitimis suis —
nam his utrisque persuaserant, uti eandem belli fortunam 3
experirentur — exspectari etiam ab his Aduatucorum
copias atque esse in itinere: mulieres quique per aeta- 4
tem ad pugnam inutiles viderentur, in eum locum con-
iecisse, quo propter paludes exercitui aditus non esset.

XVII.   His rebus cognitis exploratores centuriones- 1
que praemittit, qui locum idoneum castris deligant. cum 2
ex dediticiis Belgis reliquisque Gallis complures Caesarem
secuti una iter facerent, quidam ex his, ut postea ex
captivis cognitum est, eorum dierum consuetudine itineris
nostri exercitus perspecta nocte ad Nervios pervenerunt
atque his demonstrarunt, inter singulas legiones impedimentorum magnum numerum intercedere, neque esse
quicquam negotii, cum prima legio in castra venisset
reliquaeque legiones magnum spatium abessent, hanc
sub sarcinis adoriri; qua pulsa impedimentisque direptis 3
futurum, ut reliquae contra consistere non auderent.
adiuvabat etiam eorum consilium, qui rem deferebant, 4

quod Nervii antiquitus, cum equitatu nihil possent —
neque enim ad hoc tempus ei rei student, sed quicquid
possunt, pedestribus valent copiis — quo facilius finiti-
morum equitatum, si praedandi causa ad eos venissent,
impedirent, teneris arboribus incisis atque inflexis crebrisque in latitudinem ramis enatis et rubis sentibusque
interiectis effecerant, ut instar muri hae saepes muni-
menta praeberent, quo non modo non intrari, sed ne
5 perspici quidem posset. his rebus cum iter agminis nostri
impediretur, non omittendum consilium Nervii existimaverunt.

1   XVIII. Loci natura erat haec, quem locum nostri
castris delegerant. collis ab summo aequaliter declivis
ad flumen Sabim, quod supra nominavimus, vergebat.
2 ab eo flumine pari acclivitate collis nascebatur adversus
huic et contrarius, passus circiter ducentos infimus aper-
tus, ab superiore parte silvestris, ut non facile introrsus
3 perspici posset. intra eas silvas hostes in occulto sese
continebant; in aperto loco secundum flumen paucae
stationes equitum videbantur. fluminis erat altitudo pedum circiter trium.

1   XIX. Caesar equitatu praemisso subsequebatur omnibus copiis: sed ratio ordoque agminis aliter se habebat,
2 ac Belgae ad Nervios detulerant. nam quod hosti appro-
pinquabat, consuetudine sua Caesar sex legiones expeditas
3 ducebat; post eas totius exercitus impedimenta collo-
carat; inde duae legiones, quae proxime conscriptae erant,
totum agmen claudebant praesidioque impedimentis erant.
4 equites nostri cum funditoribus sagittariisque flumen trans-
5 gressi cum hostium equitatu proelium commiserunt. cum
se illi identidem in silvas ad suos reciperent ac rursus
ex silva in nostros impetum facerent neque nostri longius, quam quem ad finem loca aperta pertinebant,
cedentes insequi auderent, interim legiones sex, quae

primae venerant, opere dimenso castra munire coeperunt.
ubi prima impedimenta nostri exercitus ab iis, qui in 6
silvis abditi latebant, visa sunt, quod tempus inter eos
committendi proelii convenerat, ita ut intra silvas aciem
ordinesque constituerant atque ipsi sese confirmaverant,
subito omnibus copiis provolaverunt impetumque in nostros equites fecerunt. his facile pulsis ac proturbatis 7
incredibili celeritate ad flumen decucurrerunt, ut paene
uno tempore et ad silvas et in flumine et iam in manibus nostris hostes viderentur. eadem autem celeritate 8
adverso colle ad nostra castra atque eos, qui in opere
occupati erant, contenderunt.

XX. Caesari omnia uno tempore erant agenda: 1
vexillum proponendum, quod erat insigne, cum ad arma
concurri oporteret, signum tuba dandum, ab opere re-
vocandi milites, qui paulo longius aggeris petendi causa
processerant, arcessendi, acies instruenda, milites cohor-
tandi, signum dandum. quarum rerum magnam partem 2
temporis brevitas et successus hostium impediebat. his 3
difficultatibus duae res erant subsidio, scientia atque
usus militum, quod superioribus proeliis exercitati, quid
fieri oporteret, non minus commode ipsi sibi praescribere
quam ab aliis doceri poterant, et quod ab opere singu-
lisque legionibus singulos legatos Caesar discedere nisi
munitis castris vetuerat. hi propter propinquitatem et 4
celeritatem hostium nihil iam Caesaris imperium exspectabant, sed per se, quae videbantur, administrabant.

XXI. Caesar necessariis rebus imperatis ad cohor- 1
tandos milites, quam in partem fors obtulit, decucurrit
et ad legionem decimam devenit. milites non longiore 2
oratione cohortatus, quam uti suae pristinae virtutis memoriam retinerent neu perturbarentur animo, hostiumque
impetum fortiter sustinerent, quod non longius hostes 3
aberant, quam quo telum adigi posset, proelii commit-

4 tendi signum dedit. atque in alteram partem item co-
5 hortandi causa profectus pugnantibus occurrit. temporis
tanta fuit exiguitas hostiumque tam paratus ad dimicandum animus, ut non modo ad insignia accommodanda,
sed etiam ad galeas induendas scutisque tegimenta de-
6 trudenda tempus defuerit. quam quisque ab opere in
partem casu devenit quaeque prima signa conspexit, ad
haec constitit, ne in quaerendis suis pugnandi tempus
dimitteret.

1   XXII. Instructo exercitu, magis ut loci natura
deiectusque collis et necessitas temporis, quam ut rei
militaris ratio atque ordo postulabat, cum diversae legiones aliae alia in parte hostibus resisterent, saepibusque
densissimis, ut ante demonstravimus, interiectis pro-
spectus impediretur, neque certa subsidia collocari neque,
quid in quaque parte opus esset, provideri neque ab
2 uno omnia imperia administrari poterant. itaque in tanta
rerum iniquitate fortunae quoque eventus varii seque-
bantur.

1   XXIII. Legionis nonae et decimae milites, ut in
sinistra parte acie constiterant, pilis emissis cursu ac
lassitudine exanimatos vulneribusque confectos Atrebates
— nam his ea pars obvenerat — celeriter ex loco superiore in flumen compulerunt et transire conantes insecuti gladiis magnam partem eorum impeditam interfece-
2 runt. ipsi transire flumen non dubitaverunt et in locum
iniquum progressi rursus resistentes hostes redintegrato
3 proelio in fugam coniecerunt. item alia in parte diversae
duae legiones, undecima et octava, profligatis Viromanduis, quibuscum erant congressi, ex loco superiore in
4 ipsis fluminis ripis proeliabantur. at totis fere a fronte
et ab sinistra parte nudatis castris, cum in dextro cornu
legio duodecima et non magno ab ea intervallo septima
constitisset, omnes Nervii confertissimo agmine duce

Boduognato, qui summam imperii tenebat, ad eum locum contenderunt; quorum pars aperto latere legiones circum- 5 venire, pars summum castrorum locum petere coepit.

XXIV. Eodem tempore equites nostri levisque ar- 1 maturae pedites, qui cum iis una fuerant, quos primo hostium impetu pulsos dixeram, cum se in castra recipe- rent, adversis hostibus occurrebant ac rursus aliam in partem fugam petebant, et calones, qui ab decumana 2 porta ac summo iugo collis nostros victores flumen trans- isse conspexerant, praedandi causa egressi, cum respe- xissent et hostes in nostris castris versari vidissent, praecipites fugae sese mandabant. simul eorum, qui cum 3 impedimentis veniebant, clamor fremitusque oriebatur, aliique aliam in partem perterriti ferebantur. quibus om- 4 nibus rebus permoti equites Treveri, quorum inter Gallos virtutis opinio est singularis, qui auxilii causa ab civitate ad Caesarem missi venerant, cum multitudine hostium castra compleri nostra, legiones premi et paene circum- ventas teneri, calones, equites, funditores, Numidas di- versos dissipatosque in omnes partes fugere vidissent, desperatis nostris rebus domum contenderunt; Romanos 5 pulsos superatosque, castris impedimentisque eorum ho- stes potitos civitati renuntiaverunt.

XXV. Caesar ab decimae legionis cohortatione ad 1 dextrum cornu profectus, ubi suos urgeri signisque in unum locum collatis duodecimae legionis confertos milites sibi ipsos ad pugnam esse impedimento vidit, quartae co- hortis omnibus centurionibus occisis signiferoque inter- fecto, signo amisso, reliquarum cohortium omnibus fere centurionibus aut vulneratis aut occisis, in his primipilo P. Sextio Baculo, fortissimo viro, multis gravibusque vulneri- bus confecto, ut iam se sustinere non posset, reliquos esse tardiores et nonnullos ab novissimis deserto loco proelio excedere ac tela vitare, hostes neque a fronte ex in-

feriore loco subeuntes intermittere et ab utroque latere
instare et rem esse in angusto vidit, neque ullum esse
2 subsidium, quod submitti posset: scuto ab novissimis uni
detracto, quod ipse eo sine scuto venerat, in primam
aciem processit centurionibusque nominatim appellatis
reliquos cohortatus milites signa inferre et manipulos la-
3 xare iussit, quo facilius gladiis uti possent. cuius adventu spe illata militibus ac redintegrato animo, cum pro
se quisque in conspectu imperatoris etiam in extremis
suis rebus operam navare cuperet, paulum hostium impetus tardatus est.

1   XXVI. Caesar cum septimam legionem, quae iuxta
constiterat, item urgeri ab hoste vidisset, tribunos militum monuit, ut paulatim sese legiones coniungerent et
2 conversa signa in hostes inferrent. quo facto cum alius
alii subsidium ferret neque timerent, ne aversi ab hoste
circumvenirentur, audacius resistere ac fortius pugnare
3 coeperunt. interim milites legionum duarum, quae in
novissimo agmine praesidio impedimentis fuerant, proelio
nuntiato cursu incitato in summo colle ab hostibus con-
4 spiciebantur, et Titus Labienus castris hostium potitus
et ex loco superiore, quae res in nostris castris gererentur, conspicatus decimam legionem subsidio nostris misit.
5 qui cum ex equitum et calonum fuga, quo in loco res
esset, quantoque in periculo et castra et legiones et imperator versaretur, cognovissent, nihil ad celeritatem sibi
reliqui fecerunt.

1   XXVII. Horum adventu tanta rerum commutatio
est facta, ut nostri, etiam qui vulneribus confecti pro-
2 cubuissent, scutis innixi proelium redintegrarent. tum
calones perterritos hostes conspicati etiam inermes armatis occurrerunt; equites vero, ut turpitudinem fugae virtute delerent, omnibus in locis pugnarunt, quo se legio-
3 nariis militibus praeferrent. at hostes etiam in extrema

spe salutis tantam virtutem praestiterunt, ut, cum primi
eorum cecidissent, proximi iacentibus insisterent atque
ex eorum corporibus pugnarent; his deiectis et coacer- 4
vatis cadaveribus, qui superessent, ut ex tumulo tela in
nostros conicerent et pila intercepta remitterent: ut non 5
nequiquam tantae virtutis homines iudicari deberet ausos
esse transire latissimum flumen, ascendere altissimas ripas, subire iniquissimum locum; quae facilia ex difficillimis animi magnitudo redegerat.

XXVIII. Hoc proelio facto et prope ad internecio- 1
nem gente ac nomine Nerviorum redacto maiores natu, quos
una cum pueris mulieribusque in aestuaria ac paludes
coniectos dixeramus, cum victoribus nihil impeditum, victis
nihil tutum arbitrarentur, omnium, qui supererant, con- 2
sensu legatos ad Caesarem miserunt seque ei dediderunt et
in commemoranda civitatis calamitate ex sexcentis ad tres
senatores, ex hominum milibus LX vix ad quingentos,
qui arma ferre possent, sese redactos esse dixerunt. quos 3
Caesar, ut in miseros ac supplices usus misericordia
videretur, diligentissime conservavit suisque finibus atque
oppidis uti iussit et finitimis imperavit, ut ab iniuria et
maleficio se suosque prohiberent.

XXIX. Aduatuci, de quibus supra scripsimus, cum 1
omnibus copiis auxilio Nerviis venirent, hac pugna nuntiata ex itinere domum reverterunt; cunctis oppidis ca- 2
stellisque desertis sua omnia in unum oppidum egregie
natura munitum contulerunt. quod cum ex omnibus in 3
circuitu partibus altissimas rupes deiectusque haberet,
una ex parte leniter acclivis aditus in latitudinem non
amplius ducentorum pedum relinquebatur; quem locum
duplici altissimo muro munierant: tum magni ponderis
saxa et praeacutas trabes in muro collocabant. ipsi 4
erant ex Cimbris Teutonisque prognati, qui, cum iter in
provinciam nostram atque Italiam facerent, iis impedi-

mentis, quae secum agere ac portare non poterant,
citra flumen Rhenum depositis custodiam ex suis ac prae-
5 sidium sex milia hominum una reliquerunt. hi post
eorum obitum multos annos a finitimis exagitati, cum
alias bellum inferrent, alias illatum defenderent, consensu eorum omnium pace facta hunc sibi domicilio locum
delegerunt.

1   XXX. Ac primo adventu exercitus nostri crebras
ex oppido excursiones faciebant parvulisque proeliis cum
2 nostris contendebant; postea vallo passuum in circuitu
XV milium crebrisque castellis circummuniti oppido sese
3 continebant. ubi vineis actis, aggere exstructo turrim procul constitui viderunt, primum irridere ex muro atque
increpitare vocibus, quod tanta machinatio ab tanto
4 spatio instrueretur: quibusnam manibus aut quibus viribus praesertim homines tantulae staturae — nam plerumque hominibus Gallis prae magnitudine corporum suorum
brevitas nostra contemptui est — tanti oneris turrim
moturos sese confiderent?

1   XXXI. Ubi vero moveri et appropinquare moenibus viderunt, nova atque inusitata specie commoti legatos ad Caesarem de pace miserunt, qui ad hunc modum
2 locuti: non existimare, Romanos sine ope divina bellum
gerere, quia tantae altitudinis machinationes tanta cele-
3 ritate promovere possent; se suaque omnia eorum potestati
4 permittere dixerunt. unum petere ac deprecari: si forte
pro sua clementia ac mansuetudine, quam ipsi ab aliis
audirent, statuisset Aduatucos esse conservandos, ne se
5 armis despoliaret. sibi omnes fere finitimos esse inimicos ac suae virtuti invidere; a quibus se defendere
6 traditis armis non possent. sibi praestare, si in eum
casum deducerentur, quamvis fortunam a populo Romano
pati, quam ab his per cruciatum interfici, inter quos do-
minari consuessent.

si opus esse arbitraretur, uti in his locis legionem hiemandi causa collocaret. Galba, secundis aliquot proeliis 4
factis castellisque compluribus eorum expugnatis, missis
ad eum undique legatis obsidibusque datis et pace facta,
constituit cohortes duas in Nantuatibus collocare et ipse
cum reliquis eius legionis cohortibus in vico Veragrorum,
qui appellatur Octodurus, hiemare; qui vicus positus in 5
valle, non magna adiecta planicie, altissimis montibus
undique continetur. cum hic in duas partes flumine 6
divideretur, alteram partem eius vici Gallis concessit,
alteram vacuam ab his relictam cohortibus ad hieman-
dum attribuit. eum locum vallo fossaque munivit.

II. Cum dies hibernorum complures transissent, 1
frumentumque eo comportari iussisset, subito per exploratores certior factus est, ex ea parte vici, quam Gallis
concesserat, omnes noctu discessisse, montesque, qui
impenderent, a maxima multitudine Sedunorum et Veragrorum teneri. id aliquot de causis acciderat, ut subito 2
Galli belli renovandi legionisque opprimendae consilium
caperent: primum, quod legionem neque eam plenissi- 3
mam detractis cohortibus duabus et compluribus singillatim, qui commeatus petendi causa missi erant, propter
paucitatem despiciebant; tum etiam, quod propter iniqui- 4
tatem loci, cum ipsi ex montibus in vallem decurrerent
et tela conicerent, ne primum quidem posse impetum
suum sustineri existimabant. accedebat, quod suos ab 5
se liberos abstractos obsidum nomine dolebant et Romanos non solum itinerum causa, sed etiam perpetuae pos-
sessionis culmina Alpium occupare conari et ea loca
finitimae provinciae adiungere sibi persuasum habebant.

III. His nuntiis acceptis Galba, cum neque opus 1
hibernorum munitionesque plene essent perfectae neque
de frumento reliquoque commeatu satis esset provisum,
quod deditione facta obsidibusque acceptis nihil de bello

4*

timendum existimaverat, consilio celeriter convocato sen-
2 tentias exquirere coepit. quo in consilio, cum tantum
repentini periculi praeter opinionem accidisset ac iam
omnia fere superiora loca multitudine armatorum com-
pleta conspicerentur, neque subsidio veniri neque com-
3 meatus supportari interclusis itineribus possent, prope
iam desperata salute nonnullae huiusmodi sententiae dicebantur, ut impedimentis relictis eruptione facta iisdem
itineribus, quibus eo pervenissent, ad salutem contende-
4 rent. maiori tamen parti placuit, hoc reservato ad extremum consilio interim rei eventum experiri et castra
defendere.

1 IV. Brevi spatio interiecto, vix ut rebus, quas
constituissent, collocandis atque administrandis tempus
daretur, hostes ex omnibus partibus signo dato decurrere,
2 lapides gaesaque in vallum conicere. nostri primo integris viribus fortiter repugnare neque ullum frustra telum
ex loco superiore mittere, ut quaeque pars castrorum
3 nudata defensoribus premi videbatur, eo occurrere et
auxilium ferre, sed hoc superari, quod diuturnitate pugnae hostes defessi proelio excedebant, alii integris viribus succedebant; quarum rerum a nostris propter pauci-
4 tatem fieri nihil poterat, ac non modo defesso ex pugna
excedendi, sed ne saucio quidem eius loci, ubi constiterat, relinquendi ac sui recipiendi facultas dabatur.

1 V. Cum iam amplius horis sex continenter pugnaretur ac non solum vires, sed etiam tela nostros defice-
rent, atque hostes acrius instarent languidioribusque nostris
vallum scindere et fossas complere coepissent, resque
2 esset iam ad extremum perducta casum, Publius Sextius
Baculus, primi pili centurio, quem Nervico proelio compluribus confectum vulneribus diximus, et item Gaius
Volusenus, tribunus militum, vir et consilii magni et
virtutis, ad Galbam accurrunt atque unam esse spem

salutis docent, si eruptione facta extremum auxilium experirentur. itaque convocatis centurionibus celeriter milites certiores facit, paulisper intermitterent proelium ac tantummodo tela missa exciperent seque ex labore reficerent, post dato signo ex castris erumperent atque omnem spem salutis in virtute ponerent.

VI. Quod iussi sunt, faciunt ac subito omnibus portis eruptione facta neque cognoscendi, quid fieret, neque sui colligendi hostibus facultatem relinquunt. ita commutata fortuna eos, qui in spem potiundorum castrorum venerant, undique circumventos interficiunt et ex hominum milibus amplius XXX, quem numerum barbarorum ad castra venisse constabat, plus tertia parte interfecta reliquos perterritos in fugam coniciunt ac ne in locis quidem superioribus consistere patiuntur. sic omnibus hostium copiis fusis armisque exutis se in castra munitionesque suas recipiunt. quo proelio facto, quod saepius fortunam temptare Galba nolebat atque alio se in hiberna consilio venisse meminerat, aliis occurrisse rebus viderat, maxime frumenti commeatusque inopia permotus postero die omnibus eius vici aedificiis incensis in provinciam reverti contendit, ac nullo hoste prohibente aut iter demorante incolumem legionem in Nantuates, inde in Allobroges perduxit ibique hiemavit.

VII. His rebus gestis cum omnibus de causis Caesar pacatam Galliam existimaret, superatis Belgis, expulsis Germanis, victis in Alpibus Sedunis, atque ita inita hieme in Illyricum profectus esset, quod eas quoque nationes adire et regiones cognoscere volebat, subitum bellum in Gallia coortum est. eius belli haec fuit causa. P. Crassus adulescens cum legione septima proximus mare Oceanum in Andibus hiemabat. is, quod in his locis inopia frumenti erat, praefectos tribunosque militum complures in finitimas civitates frumenti causa

4 dimisit; quo in numero est Titus Terrasidius missus in Esubios, Marcus Trebius Gallus in Curiosolitas, Quintus Velanius cum Tito Silio in Venetos.

1 VIII. Huius est civitatis longe amplissima auctoritas omnis orae maritimae regionum earum, quod et naves habent Veneti plurimas, quibus in Britanniam navigare consuerunt, et scientia atque usu nauticarum rerum reliquos antecedunt et in magno impetu maris atque aperto, paucis portibus interiectis, quos tenent ipsi, omnes fere, qui eo mari uti consuerunt, habent vectigales.
2 ab his fit initium retinendi Silii atque Velanii, quod per eos suos se obsides, quos Crasso dedissent, reciperaturos
3 existimabant. horum auctoritate finitimi adducti, ut sunt Gallorum subita et repentina consilia, eadem de causa Trebium Terrasidiumque retinent, et celeriter missis legatis per suos principes inter se coniurant, nihil nisi communi consilio acturos eundemque omnis fortunae
4 exitum esse laturos, reliquasque civitates sollicitant, ut in ea libertate, quam a maioribus acceperant, permanere
5 quam Romanorum servitutem perferre mallent. omni ora maritima celeriter ad suam sententiam perducta communem legationem ad Publium Crassum mittunt, si velit suos recipere, obsides sibi remittat.

1 IX. Quibus de rebus Caesar ab Crasso certior factus, quod ipse aberat longius, naves interim longas aedificari in flumine Ligere, quod influit in Oceanum, remiges ex provincia institui, nautas gubernatoresque
2 comparari iubet. his rebus celeriter administratis ipse, cum primum per anni tempus potuit, ad exercitum contendit. Veneti reliquaeque item civitates cognito Caesaris adventu, simul quod, quantum in se facinus admisissent, intellegebant, legatos, quod nomen ad omnes nationes sanctum inviolatumque semper fuisset, retentos ab se et
4 in vincula coniectos, pro magnitudine periculi bellum

arcessiti dicebantur, si per vim navibus flumen transire
3 conentur, prohibeat. Publium Crassum cum cohortibus
legionariis XII et magno numero equitatus in Aquitaniam
proficisci iubet, ne ex his nationibus auxilia in Galliam
4 mittantur ac tantae nationes coniungantur. Quintum Titurium Sabinum legatum cum legionibus tribus in Venel-
los, Curiosolites Lexobiosque mittit, qui eam manum dis-
5 tinendam curet. Decimum Brutum adulescentem classi
Gallicisque navibus, quas ex Pictonibus et Santonis reliquisque pacatis regionibus convenire iusserat, praeficit
et, cum primum posset, in Venetos proficisci iubet. ipse
eo pedestribus copiis contendit.

1 XII. Erant eiusmodi fere situs oppidorum, ut posita in extremis lingulis promunturiisque neque pedibus
aditum haberent, cum ex alto se aestus incitavisset, quod
is accedit semper horarum XII spatio, neque navibus,
quod rursus minuente aestu naves in vadis afflictarentur.
2 ita utraque re oppidorum oppugnatio impediebatur; ac
3 si quando, magnitudine operis forte superati, extruso
mari aggere ac molibus atque his oppidi moenibus ad-
aequatis, suis fortunis desperare coeperant, magno numero navium appulso, cuius rei summam facultatem habebant, sua deportabant omnia seque in proxima oppida
4 recipiebant; ibi se rursus iisdem opportunitatibus loci
5 defendebant. haec eo facilius magnam partem aestatis
faciebant, quod nostrae naves tempestatibus detinebantur
summaque erat vasto atque aperto mari, magnis aesti-
bus, raris ac prope nullis portibus difficultas navigandi.

1 XIII. Namque ipsorum naves ad hunc modum
factae armataeque erant: carinae aliquanto planiores quam
nostrarum navium, quo facilius vada ac decessum aestus
2 excipere possent; prorae admodum erectae, atque item
puppes ad magnitudinem fluctuum tempestatumque ac-
3 commodatae; naves totae factae ex robore ad quamvis

vim et contumeliam perferendam; transtra pedalibus in 4
altitudinem trabibus confixa clavis ferreis digiti pollicis
crassitudine; ancorae pro funibus ferreis catenis revinctae; 5
pelles pro velis alutaeque tenuiter confectae, sive propter 6
lini inopiam atque eius usus inscientiam, sive eo, quod
est magis verisimile, quod tantas tempestates Oceani
tantosque impetus ventorum sustineri ac tanta onera
navium regi velis non satis commode posse arbitrabantur. cum his navibus nostrae classi eiusmodi congressus 7
erat, ut una celeritate et pulsu remorum praestaret, reliqua pro loci natura, pro vi tempestatum illis essent
aptiora et accommodatiora. neque enim his nostrae ro- 8
stro nocere poterant — tanta in iis erat firmitudo —
neque propter altitudinem facile telum adigebatur, et
eadem de causa minus commode copulis continebantur.
accedebat, ut, cum saevire ventus coepisset et se vento 9
dedissent, et tempestatem ferrent facilius et in vadis
consisterent tutius et ab aestu relictae nihil saxa et
cautes timerent; quarum rerum omnium nostris navibus
casus erat extimescendus.

XIV. Compluribus expugnatis oppidis Caesar, ubi 1
intellexit frustra tantum laborem sumi, neque hostium
fugam captis oppidis reprimi neque iis noceri posse,
statuit exspectandam classem. quae ubi convenit ac 2
primum ab hostibus visa est, circiter CCXX naves eorum
paratissimae atque omni genere armorum ornatissimae
profectae ex portu nostris adversae constiterunt; neque 3
satis Bruto, qui classi praeerat, vel tribunis militum centurionibusque, quibus singulae naves erant attributae,
constabat, quid agerent aut quam rationem pugnae insisterent. rostro enim noceri non posse cognoverant; 4
turribus autem excitatis, tamen has altitudo puppium ex
barbaris navibus superabat, ut neque ex inferiore loco
satis commode tela adigi possent et missa ab Gallis

5 gravius acciderent. una erat magno usui res praeparata a nostris, falces praeacutae insertae affixaeque longuriis,
6 non absimili forma muralium falcium. his cum funes, qui antemnas ad malos destinabant, comprehensi adductique erant, navigio remis incitato praerumpebantur.
7 quibus abscisis antemnae necessario concidebant, ut, cum omnis Gallicis navibus spes in velis armamentisque consisteret, his ereptis omnis usus navium uno tempore
8 eriperetur. reliquum erat certamen positum in virtute, qua nostri milites facile superabant, atque eo magis, quod in conspectu Caesaris atque omnis exercitus res gerebatur, ut nullum paulo fortius factum latere posset;
9 omnes enim colles ac loca superiora, unde erat propinquus despectus in mare, ab exercitu tenebantur.

1   XV. Deiectis, ut diximus, antemnis, cum singulas binae ac ternae naves circumsteterant, milites summa vi
2 transcendere in hostium naves contendebant. quod postquam barbari fieri animadverterunt, expugnatis compluribus navibus, cum ei rei nullum reperiretur auxilium,
3 fuga salutem petere contenderunt. ac iam conversis in eam partem navibus, quo ventus ferebat, tanta subito malacia ac tranquillitas exstitit, ut se ex loco movere
4 non possent. quae quidem res ad negotium conficiendum
5 maxime fuit opportuna; nam singulas nostri consectati expugnaverunt, ut perpaucae ex omni numero noctis interventu ad terram pervenerint, cum ab hora fere quarta usque ad solis occasum pugnaretur.

1   XVI. Quo proelio bellum Venetorum totiusque orae
2 maritimae confectum est. nam cum omnis iuventus, omnes etiam gravioris aetatis, in quibus aliquid consilii aut dignitatis fuit, eo convenerant, tum, navium quod ubi-
3 que fuerat, in unum locum coëgerant; quibus amissis reliqui neque quo se reciperent, neque quemadmodum
4 oppida defenderent, habebant. itaque se suaque omnia

Caesari dediderunt. in quos eo gravius Caesar vindican-
dum statuit, quo diligentius in reliquum tempus a barbaris ius legatorum conservaretur. itaque omni senatu
necato reliquos sub corona vendidit.

XVII. Dum haec in Venetis geruntur, Quintus 1
Titurius Sabinus cum iis copiis, quas a Caesare accepe-
rat, in fines Venellorum pervenit. his praeerat Viridovix 2
ac summam imperii tenebat earum omnium civitatum,
quae defecerant, ex quibus exercitum magnasque copias
coëgerat; atque his paucis diebus Aulerci Eburovices 3
Lexobiique senatu suo interfecto, quod auctores belli esse
nolebant, portas clauserunt seque cum Viridovice con-
iunxerunt; magnaque praeterea multitudo undique ex 4
Gallia perditorum hominum latronumque convenerat,
quos spes praedandi studiumque bellandi ab agricultura
et cotidiano labore revocabat. Sabinus idoneo omnibus 5
rebus loco castris sese tenebat, cum Viridovix contra
eum duum milium spatio consedisset cotidieque productis
copiis pugnandi potestatem faceret, ut iam non solum
hostibus in contemptionem Sabinus veniret, sed etiam
nostrorum militum vocibus non nihil carperetur; tantam- 6
que opinionem timoris praebuit, ut iam ad vallum castrorum hostes accedere auderent. id ea de causa faciebat, 7
quod cum tanta multitudine hostium, praesertim eo absente,
qui summam imperii teneret, nisi aequo loco aut opportunitate aliqua data legato dimicandum non existimabat.

XVIII. Hac confirmata opinione timoris idoneum 1
quendam hominem et callidum delegit, Gallum ex iis,
quos auxilii causa secum habebat. huic magnis praemiis 2
pollicitationibusque persuadet, uti ad hostes transeat, et
quid fieri velit, edocet. qui ubi pro perfuga ad eos venit, 3
timorem Romanorum proponit, quibus angustiis ipse
Caesar a Venetis prematur, docet, neque longius abesse, 4
quin proxima nocte Sabinus clam ex castris exercitum

educat et ad Caesarem auxilii ferendi causa proficisca-
5 tur. quod ubi auditum est, conclamant omnes, occasionem
negotii bene gerendi amittendam non esse, ad castra iri
6 oportere. multae res ad hoc consilium Gallos hortaban-
tur: superiorum dierum Sabini cunctatio, perfugae con-
firmatio, inopia cibariorum, cui rei parum diligenter ab
iis erat provisum, spes Venetici belli et quod fere liben-
7 ter homines id, quod volunt, credunt. his rebus adducti
non prius Viridovicem reliquosque duces ex concilio dimittunt, quam ab his sit concessum, arma uti capiant
8 et ad castra contendant. qua re concessa laeti, ut explorata victoria, sarmentis virgultisque collectis, quibus
fossas Romanorum compleant, ad castra pergunt.

1   XIX. Locus erat castrorum editus et paulatim ab
imo acclivis circiter passus mille. huc magno cursu contenderunt, ut quam minimum spatii ad se colligendos
armandosque Romanis daretur, exanimatique pervenerunt.
2 Sabinus suos hortatus cupientibus signum dat. impeditis hostibus propter ea, quae ferebant, onera subito
3 duabus portis eruptionem fieri iubet. factum est opportunitate loci, hostium inscientia ac defatigatione, virtute militum et superiorum pugnarum exercitatione, ut
ne unum quidem nostrorum impetum ferrent ac statim
4 terga verterent. quos impeditos integris viribus milites
nostri consecuti magnum numerum eorum occiderunt;
reliquos equites consectati paucos, qui ex fuga evaserant,
5 reliquerunt. sic uno tempore et de navali pugna Sabinus
et de Sabini victoria Caesar est certior factus, civitates-
6 que omnes se statim Titurio dediderunt. nam ut ad
bella suscipienda Gallorum alacer ac promptus est animus, sic mollis ac minime resistens ad calamitates per-
ferendas mens eorum est.

1   XX. Eodem fere tempore Publius Crassus, cum
in Aquitaniam pervenisset, quae, ut ante dictum est, et

regionum latitudine et multitudine hominum tertia pars
Galliae est aestimanda, cum intellegeret, in iis locis
sibi bellum gerendum, ubi paucis ante annis Lucius
Valerius Praeconinus legatus exercitu pulso interfectus
esset, atque unde Lucius Mallius proconsul impedimentis amissis profugisset, non mediocrem sibi diligentiam
adhibendam censebat. itaque re frumentaria provisa, 2
auxiliis equitatuque comparato, multis praeterea viris
fortibus Tolosa et Narbone, quae sunt civitates Galliae
provinciae finitimae his regionibus, nominatim evocatis
in Sontiatum fines exercitum introduxit. cuius adventu 3
cognito Sontiates magnis copiis coactis equitatuque, quo
plurimum valebant, in itinere agmen nostrum adorti
primum equestre proelium commiserunt, deinde equitatu 4
suo pulso atque insequentibus nostris, subito pedestres
copias, quas in convalle in insidiis collocaverant, ostenderunt. hi nostros disiectos adorti proelium renovarunt.

XXI. Pugnatum est diu atque acriter, cum Son- 1
tiates superioribus victoriis freti in sua virtute totius
Aquitaniae salutem positam putarent, nostri autem, quid
sine imperatore et sine reliquis legionibus adulescentulo
duce efficere possent, perspici cuperent: tandem confecti
vulneribus hostes terga vertere. quorum magno numero 2
interfecto Crassus ex itinere oppidum Sontiatum oppugnare coepit. quibus fortiter resistentibus vineas turres-
que egit. illi alias eruptione temptata, alias cuniculis 3
ad aggerem vineasque actis, cuius rei sunt longe peri-
tissimi Aquitani, propterea quod multis locis apud eos
aerariae secturae sunt, ubi diligentia nostrorum nihil his
rebus profici posse intellexerunt, legatos ad Crassum
mittunt, seque in deditionem ut recipiat, petunt. qua re
impetrata arma tradere iussi faciunt.

XXII. Atque in ea re omnium nostrorum intentis 1
animis alia ex parte oppidi Adiatunnus, qui summam

imperii tenebat, cum DC devotis, quos illi soldurios ap

2 pellant, quorum haec est condicio, uti omnibus in vita commodis una cum iis fruantur, quorum se amicitiae dediderint; si quid his per vim accidat, aut eundem ca-

3 sum una ferant aut sibi mortem consciscant; neque adhuc hominum memoria repertus est quisquam, qui eo interfecto, cuius se amicitiae devovisset, mori recusaret:

4 cum his Adiatunnus eruptionem facere conatus, clamore ab ea parte munitionis sublato, cum ad arma milites concurrissent vehementerque ibi pugnatum esset, repulsus in oppidum tamen, uti eadem deditionis condicione uteretur, ab Crasso impetravit.

1   XXIII. Armis obsidibusque acceptis Crassus in

2 fines Vocatium et Tarusatium profectus est. tum vero barbari commoti, quod oppidum et natura loci et manu munitum paucis diebus, quibus eo ventum erat, expugnatum cognoverant, legatos quoque versum dimittere, coniurare, obsides inter se dare, copias parare coeperunt.

3 mittuntur etiam ad eas′ civitates legati, quae sunt citerioris Hispaniae finitimae Aquitaniae: inde auxilia ducesque

4 arcessuntur. quorum adventu magna cum auctoritate et magna cum hominum multitudine bellum gerere conantur.

5 duces vero ii deliguntur, qui una cum Quinto Sertorio omnes annos fuerant summamque scientiam rei militaris

6 habere existimabantur. hi consuetudine populi Romani loca capere, castra munire, commeatibus nostros inter-

7 cludere instituunt. quod ubi Crassus animadvertit, suas copias propter exiguitatem non facile diduci, hostem et vagari et vias obsidere et castris satis praesidii relinquere, ob eam causam minus commode frumentum commeatumque sibi supportari, in dies hostium numerum augeri, non cunctandum existimavit, quin pugna decerta-

8 ret. hac re ad consilium delata, ubi omnes idem sentire intellexit, posterum diem pugnae constituit.

XXIV. Prima luce productis omnibus copiis du- 1
plici acie instituta, auxiliis in mediam aciem coniectis,
quid hostes consilii caperent, exspectabat. illi, etsi 2
propter multitudinem et veterem belli gloriam paucitatemque nostrorum se tuto dimicaturos existimabant, tamen
tutius esse arbitrabantur, obsessis viis commeatu intercluso sine ullo vulnere victoria potiri et, si propter in- 3
opiam rei frumentariae infirmiore animo Romani sese
recipere coepissent, impeditos in agmine et sub sarcinis
adoriri cogitabant. hoc consilio probato ab ducibus, 4
productis Romanorum copiis sese castris tenebant. hac 5
re perspecta Crassus, cum sua cunctatione atque opinione
timoris hostes nostros milites alacriores ad pugnandum
effecissent, atque omnium voces audirentur, exspectari
diutius non oportere, quin ad castra iretur, cohortatus
suos omnibus cupientibus ad hostium castra contendit.

XXV. Ibi cum alii fossas complerent, alii mul- 1
tis telis coniectis defensores vallo munitionibusque depellerent auxiliaresque, quibus ad pugnam non multum
Crassus confidebat, lapidibus telisque subministrandis et
ad aggerem caespitibus comportandis speciem atque opinionem pugnantium praeberent, cum item ab hostibus
constanter ac non timide pugnaretur telaque ex loco superiore missa non frustra acciderent, equites circumitis 2
hostium castris Crasso renuntiaverunt, non eadem esse
diligentia ab decumana porta castra munita facilemque
aditum habere.

XXVI. Crassus equitum praefectos cohortatus, ut 1
magnis praemiis pollicitationibusque suos excitarent, quid
fieri velit, ostendit. illi, ut erat imperatum, eductis iis 2
cohortibus, quae praesidio castris relictae intritae ab labore erant, et longiore itinere circumductis, ne ex hostium castris conspici possent, omnium oculis mentibusque ad pugnam intentis celeriter ad eas, quas diximus, 3

7 cultura nec ratio atque usus belli intermittitur. sed privati ac separati agri apud eos nihil est, neque longius 8 anno remanere uno in loco incolendi causa licet. neque multum frumento, sed maximam partem lacte atque pe- 9 core vivunt, multumque sunt in venationibus; quae res et cibi genere et cotidiana exercitatione et libertate vitae, cum a pueris nullo officio aut disciplina assuefacti nihil omnino contra voluntatem faciant, et vires alit et 10 immani corporum magnitudine homines efficit. atque in eam se consuetudinem adduxerunt, ut locis frigidissimis neque vestitus praeter pelles haberent quicquam, quarum propter exiguitatem magna est corporis pars aperta, et lavarentur in fluminibus.

1 II. Mercatoribus est aditus magis eo, ut, quae bello ceperint, quibus vendant, habeant, quam quo ullam 2 rem ad se importari desiderent. quin etiam iumentis, quibus maxime Galli delectantur quaeque impenso parant pretio, Germani importatis non utuntur, sed quae sunt apud eos nata, parva atque deformia, haec cotidiana 3 exercitatione, summi ut sint laboris, efficiunt. equestribus proeliis saepe ex equis desiliunt ac pedibus proeliantur, equosque eodem remanere vestigio assuefece- 4 runt, ad quos se celeriter, cum usus est, recipiunt; neque eorum moribus turpius quicquam aut inertius habetur 5 quam ephippiis uti. itaque ad quemvis numerum ephip- 6 piatorum equitum quamvis pauci adire audent. vinum ad se omnino importari non sinunt, quod ea re ad laborem ferendum remollescere homines atque effeminari arbitrantur.

1 III. Publice maximam putant esse laudem, quam latissime a suis finibus vacare agros: hac re significari, magnum numerum civitatum suam vim sustinere non 2 posse. itaque una ex parte a Suebis circiter milia pas- 3 suum sexcenta agri vacare dicuntur. ad alteram partem

succedunt Ubii, quorum fuit civitas ampla atque florens,
ut est captus Germanorum, et paulo sunt eiusdem generis
ceteris humaniores, propterea quod Rhenum attingunt
multumque ad eos mercatores ventitant et ipsi propter
propinquitatem Gallicis sunt moribus assuefacti. hos cum 4
Suebi multis saepe bellis experti propter amplitudinem
gravitatemque civitatis finibus expellere non potuissent,
tamen vectigales sibi fecerunt ac multo humiliores in-
firmioresque redegerunt.

IV. In eadem causa fuerunt Usipetes et Tencteri, 1
quos supra diximus, qui complures annos Sueborum vim
sustinuerunt, ad extremum tamen agris expulsi et multis
locis Germaniae triennium vagati ad Rhenum pervenerunt. quas regiones Menapii incolebant et ad utramque 2
ripam fluminis agros, aedificia vicosque habebant; sed 3
tantae multitudinis aditu perterriti ex iis aedificiis, quae
trans flumen habuerant, demigraverunt et cis Rhenum
dispositis praesidiis Germanos transire prohibebant. illi 4
omnia experti, cum neque vi contendere propter inopiam
navium neque clam transire propter custodias Menapiorum possent, reverti se in suas sedes regionesque si- 5
mulaverunt et tridui viam progressi rursus reverterunt
atque omni hoc itinere una nocte equitatu confecto in-
scios inopinantesque Menapios oppresserunt, qui de Ger- 6
manorum discessu per exploratores certiores facti sine
metu trans Rhenum in suos vicos remigraverant. his 7
interfectis navibusque eorum occupatis, priusquam ea
pars Menapiorum, quae citra Rhenum erat, certior fieret,
flumen transierunt atque omnibus eorum aedificiis occupatis reliquam partem hiemis se eorum copiis aluerunt.

V. His de rebus Caesar certior factus et infirmi- 1
tatem Gallorum veritus, quod sunt in consiliis capiendis
mobiles et novis plerumque rebus student, nihil his committendum existimavit. est autem hoc Gallicae consue- 2

tudinis, uti et viatores etiam invitos consistere cogant et,
quid quisque eorum de quaque re audierit aut cognove-
rit, quaerant, et mercatores in oppidis vulgus circumsistat
quibusque ex regionibus veniant quasque ibi res cogno-
3 verint, pronuntiare cogant. his rebus atque auditionibus
permoti de summis saepe rebus consilia ineunt, quorum
eos in vestigio paenitere necesse est, cum incertis rumoribus serviant et plerique ad voluntatem eorum ficta
respondeant.

1   VI. Qua consuetudine cognita Caesar, ne graviori
bello occurreret, maturius, quam consuerat, ad exercitum
2 proficiscitur. eo cum venisset, ea, quae fore suspicatus
3 erat, facta cognovit: missas legationes ab nonnullis civitatibus ad Germanos invitatosque eos, uti ab Rheno discederent, omniaque, quae postulassent, ab se fore parata.
4 qua spe adducti Germani latius vagabantur et in fines
Eburonum et Condrusorum, qui sunt Treverorum clien-
5 tes, pervenerant. principibus Galliae evocatis Caesar ea,
quae cognoverat, dissimulanda sibi existimavit eorumque
animis permulsis et confirmatis equitatuque imperato bellum cum Germanis gerere constituit.

1   VII. Re frumentaria comparata equitibusque de-
lectis iter in ea loca facere coepit, quibus in locis esse
2 Germanos audiebat. a quibus cum paucorum dierum
iter abesset, legati ab his venerunt, quorum haec fuit
3 oratio: Germanos neque priores populo Romano bellum
inferre, neque tamen recusare, si lacessantur, quin armis
contendant, quod Germanorum consuetudo sit a maioribus tradita, quicumque bellum inferant, resistere neque
4 deprecari. haec tamen dicere, venisse invitos, eiectos
domo; si suam gratiam Romani velint, posse iis utiles
esse amicos; vel sibi agros attribuant vel patiantur eos
5 tenere, quos armis possederint: sese unis Suebis concedere, quibus ne dii quidem immortales pares esse

possint; reliquum quidem in terris esse neminem, quem non superare possint.

VIII. Ad haec, quae visum est, Caesar respondit; 1 sed exitus fuit orationis: sibi nullam cum iis amicitiam esse posse, si in Gallia remanerent; neque verum esse, 2 qui suos fines tueri non potuerint, alienos occupare; neque ullos in Gallia vacare agros, qui dari tantae praesertim multitudini sine iniuria possint; sed licere, si 3 velint, in Ubiorum finibus considere, quorum sint legati apud se et de Sueborum iniuriis querantur et a se auxilium petant: hoc se Ubiis imperaturum.

IX. Legati haec se ad suos relaturos dixerunt et 1 re deliberata post diem tertium ad Caesarem reversuros: interea ne propius se castra moveret, petierunt. ne id 2 quidem Caesar ab se impetrari posse dixit. cognoverat 3 enim magnam partem equitatus ab iis aliquot diebus ante praedandi frumentandique causa ad Ambivaritos trans Mosam missam: hos exspectari equites atque eius rei causa moram interponi arbitrabatur.

X. Mosa profluit ex monte Vosego, qui est in 1 finibus Lingonum, et parte quadam ex Rheno recepta, quae appellatur Vacalus, insulam efficit Batavorum ne- 2 que longius ab Oceano milibus passuum LXXX in Rhenum influit. Rhenus autem oritur ex Lepontiis, qui 3 Alpes incolunt, et longo spatio per fines Nantuatium, Helvetiorum, Sequanorum, Mediomatricum, Tribocorum, Treverorum citatus fertur et, ubi Oceano appropinquavit, 4 in plures diffluit partes multis ingentibusque insulis effectis, quarum pars magna a feris barbarisque nationibus incolitur, ex quibus sunt, qui piscibus atque ovis avium 5 vivere existimantur, multisque capitibus in Oceanum influit.

XI. Caesar cum ab hoste non amplius passuum 1 XII milibus abesset, ut erat constitutum, ad eum legati

revertuntur; qui in itinere congressi magnopere, ne lon-
2 gius progrederetur, orabant. cum id non impetrassent,
petebant, uti ad eos equites, qui agmen antecessissent,
praemitteret eosque pugna prohiberet, sibique ut pote-
3 statem faceret in Ubios legatos . mittendi; quorum si
principes ac senatus sibi iureiurando fidem fecisset, ea
condicione, quae a Caesare ferretur, se usuros ostende-
bant; ad has res conficiendas sibi tridui spatium daret.
4 haec omnia Caesar eodem illo pertinere arbitrabatur, ut
tridui mora interposita equites eorum, qui abessent, re-
verterentur; tamen sese non longius milibus passuum
5 quattuor aquationis causa processurum eo die dixit: huc
postero die quam frequentissimi convenirent, ut de eorum
6 postulatis cognosceret. interim ad praefectos, qui cum
omni equitatu antecesserant, mittit, qui nuntiarent, ne
hostes proelio lacesserent et, si ipsi lacesserentur, sustinerent, quoad ipse cum exercitu propius accessisset.

1   XII. At hostes, ubi primum nostros equites conspexerunt, quorum erat V milium numerus, cum ipsi
non amplius octingentos equites haberent, quod ii, qui
frumentandi causa ierant trans Mosam, nondum redierant,
nihil timentibus nostris, quod legati eorum paulo ante a
Caesare discesserant atque is dies indutiis erat ab his
petitus, impetu facto celeriter nostros perturbaverunt;
2 rursus resistentibus, consuetudine sua ad pedes desiluerunt, suffossis equis compluribusque nostris deiectis reliquos in fugam coniecerunt atque ita perterritos egerunt,
ut non prius fuga desisterent, quam in conspectum agmi-
3 nis nostri venissent. in eo proelio ex equitibus nostris
interficiuntur quattuor et septuaginta, in his vir fortissi-
4 mus Piso Aquitanus, amplissimo genere natus, cuius
avus in civitate sua regnum obtinuerat, amicus ab senatu
5 nostro appellatus. hic cum fratri intercluso ab hostibus
auxilium ferret, illum ex periculo eripuit, ipse equo vul-

nerato deiectus, quoad potuit, fortissime restitit; cum 6
circumventus multis vulneribus acceptis cecidisset atque
id frater, qui iam proelio excesserat, procul animadvertisset, incitato equo se hostibus obtulit atque interfectus est.

XIII. Hoc facto proelio Caesar neque iam sibi 1
legatos audiendos neque condiciones accipiendas arbitrabatur ab iis, qui per dolum atque insidias petita pace
ultro bellum intulissent; exspectare vero, dum hostium 2
copiae augerentur equitatusque reverteretur, summae de-
mentiae esse iudicabat, et cognita Gallorum infirmitate, 3
quantum iam apud eos hostes uno proelio auctoritatis
essent consecuti, sentiebat; quibus ad consilia capienda
nihil spatii dandum existimabat. his constitutis rebus 4
et consilio cum legatis et quaestore communicato, ne
quem diem pugnae praetermitteret, opportunissima res
accidit, quod postridie eius diei mane eadem et perfidia
et simulatione usi Germani frequentes omnibus principi- 5
bus maioribusque natu adhibitis ad eum in castra venerunt, simul, ut dicebatur, sui purgandi causa, quod contra
atque esset dictum et ipsi petissent, proelium pridie com-
misissent, simul ut, si quid possent, de indutiis fallendo
impetrarent. quos sibi Caesar oblatos gavisus, illos re- 6
tineri iussit; ipse omnes copias castris eduxit equitatumque, quod recenti proelio perterritum esse existimabat,
agmen subsequi iussit.

XIV. Acie triplici instituta et celeriter octo milium 1
itinere confecto prius ad hostium castra pervenit, quam
quid ageretur Germani sentire possent. qui omnibus 2
rebus subito perterriti et celeritate adventus nostri et
discessu suorum neque consilii habendi neque arma ca-
piendi spatio dato perturbantur, copiasne adversus hostem
ducere, an castra defendere, an fuga salutem petere
praestaret. quorum timor cum fremitu et concursu signi- 3

ficaretur, milites nostri pristini diei perfidia incitati in
4 castra irruperunt. quo loco, qui celeriter arma capere
potuerunt, paulisper nostris restiterunt atque inter carros
5 impedimentaque proelium commiserunt; at reliqua multitudo puerorum mulierumque — nam cum omnibus suis
domo excesserant Rhenumque transierant — passim fugere coepit; ad quos consectandos Caesar equitatum misit.
1   XV. Germani post tergum clamore audito, cum
suos interfici viderent, armis abiectis signisque militari-
2 bus relictis se ex castris eiecerunt et, cum ad confluen-
tem Mosae et Rheni pervenissent, reliqua fuga desperata,
magno numero interfecto, reliqui se in flumen praecipi-
taverunt atque ibi timore, lassitudine, vi fluminis oppressi
3 perierunt. nostri ad unum omnes incolumes, perpaucis
vulneratis, ex tanti belli timore, cum hostium numerus
capitum CCCCXXX milium fuisset, se in castra recepe-
4 runt. Caesar iis, quos in castris retinuerat, discedendi
5 potestatem fecit. illi supplicia cruciatusque Gallorum
veriti, quorum agros vexaverant, remanere se apud eum
velle dixerunt. his Caesar libertatem concessit.
1   XVI. Germanico bello confecto multis de causis
Caesar statuit sibi Rhenum esse transeundum; quarum
illa fuit iustissima, quod, cum videret Germanos tam
facile impelli, ut in Galliam venirent, suis quoque rebus
eos timere voluit, cum intellegerent, et posse et audere
2 populi Romani exercitum Rhenum transire. accessit
etiam, quod illa pars equitatus Usipetum et Tencterorum,
quam supra commemoravi praedandi frumentandique causa
Mosam transisse neque proelio interfuisse, post fugam
suorum se trans Rhenum in fines Sugambrorum receperat
3 seque cum iis coniunxerat. ad quos cum Caesar nuntios
misisset, qui postularent, eos, qui sibi Galliaeque bellum
intulissent, sibi dederent, responderunt: populi Romani
4 imperium Rhenum finire: si se invito Germanos in Gal-

liam transire non aequum existimaret, cur sui quicquam
esse imperii aut potestatis trans Rhenum postularet?
Ubii autem, qui uni ex Transrhenanis ad Caesarem le- 5
gatos miserant, amicitiam fecerant, obsides dederant,
magnopere orabant, ut sibi auxilium ferret, quod graviter ab Suebis premerentur; vel, si id facere occupationi- 6
bus reipublicae prohiberetur, exercitum modo Rhenum
transportaret: id sibi ad auxilium spemque reliqui temporis satis futurum. tantum esse nomen atque opinionem 7
eius exercitus Ariovisto pulso et hoc novissimo proelio
facto etiam ad ultimas Germanorum nationes, uti opinione et amicitia populi Romani tuti esse possint. na- 8
vium magnam copiam ad transportandum exercitum pol-
licebantur.

XVII. Caesar his de causis, quas commemoravi, 1
Rhenum transire decreverat; sed navibus transire neque
satis tutum esse arbitrabatur, neque suae neque populi
Romani dignitatis esse statuebat. itaque, etsi summa 2
difficultas faciendi pontis proponebatur propter latitudinem, rapiditatem altitudinemque fluminis, tamen id sibi
contendendum aut aliter non traducendum exercitum
existimabat. rationem pontis hanc instituit. tigna bina 3
sesquipedalia paulum ab imo praeacuta dimensa ad altitudinem fluminis intervallo pedum duorum inter se
iungebat. haec cum machinationibus immissa in flumen 4
defixerat fistucisque adegerat, non sublicae modo directe
ad perpendiculum, sed prone ac fastigate, ut secundum
naturam fluminis procumberent; his item contraria duo 5
ad eundem modum iuncta intervallo pedum quadragenum
ab inferiore parte contra vim atque impetum fluminis
conversa statuebat. haec utraque insuper bipedalibus 6
trabibus immissis, quantum eorum tignorum iunctura di-
stabat, binis utrimque fibulis ab extrema parte distine-
bantur; quibus disclusis atque in contrariam partem 7

revinctis tanta erat operis firmitudo atque ea rerum natura, ut, quo maior vis aquae se incitavisset, hoc artius
5 illigata tenerentur. haec directa materia iniecta con-
9 texebantur ac longuriis cratibusque consternebantur; ac
nihilo secius sublicae et ad inferiorem partem fluminis
oblique agebantur, quae pro ariete subiectae et cum
10 omni opere coniunctae vim fluminis exciperent, et aliae
item supra pontem mediocri spatio, ut, si arborum trunci
sive naves deiciendi operis causa essent a barbaris missae,
his defensoribus earum rerum vis minueretur, neu ponti
nocerent.

1   XVIII. Diebus decem, quibus materia coepta erat
2 comportari, omni opere effecto exercitus traducitur. Caesar ad utramque partem pontis firmo praesidio relicto in
3 fines Sugambrorum contendit. interim a compluribus
civitatibus ad eum legati veniunt; quibus pacem atque
amicitiam petentibus liberaliter respondit obsidesque ad se
4 adduci iubet. Sugambri ex eo tempore, quo pons institui
coeptus est, fuga comparata hortantibus iis, quos ex
Tencteris atque Usipetibus apud se habebant, finibus
suis excesserant suaque omnia exportaverant seque in
solitudinem ac silvas abdiderant.

1   XIX. Caesar paucos dies in eorum finibus moratus omnibus vicis aedificiisque incensis frumentisque
succisis se in fines Ubiorum recepit atque iis auxilium
suum pollicitus, si ab Suebis premerentur, haec ab iis
2 cognovit: Suebos, posteaquam per exploratores pontem
fieri comperissent, more suo concilio habito nuntios in
omnes partes dimisisse, uti de oppidis demigrarent, liberos, uxores suaque omnia in silvis deponerent, atque
omnes, qui arma ferre possent, unum in locum conve-
3 nirent: hunc esse delectum medium fere regionum earum,
quas Suebi obtinerent; hic Romanorum adventum ex-
4 spectare atque ibi decertare constituisse. quod ubi Caesar

comperit, omnibus rebus iis confectis, quarum rerum
causa traducere exercitum constituerat, ut Germanis metum iniceret, ut Sugambros ulcisceretur, ut Ubios obsidione liberaret, diebus omnino decem et octo trans Rhenum
consumptis, satis et ad laudem et ad utilitatem profectum arbitratus se in Galliam recepit pontemque rescidit.

XX. Exigua parte aestatis reliqua Caesar, etsi in 1
his locis, quod omnis Gallia ad septemtrionem vergit,
maturae sunt hiemes, tamen in Britanniam proficisci
contendit, quod omnibus fere Gallicis bellis hostibus nostris inde subministrata auxilia intellegebat et, si tempus 2
anni ad bellum gerendum deficeret, tamen magno sibi
usui fore arbitrabatur, si modo insulam adisset et genus hominum perspexisset, loca, portus, aditus cognovisset; quae omnia fere Gallis erant incognita. neque 3
enim temere praeter mercatores illo adit quisquam, neque iis ipsis quicquam praeter oram maritimam atque
eas regiones, quae sunt contra Gallias, notum est. ita- 4
que vocatis ad se undique mercatoribus, neque quanta
esset insulae magnitudo, neque quae aut quantae nationes incolerent, neque quem usum belli haberent aut
quibus institutis uterentur, neque qui essent ad maiorum
navium multitudinem idonei portus, reperire poterat.

XXI. Ad haec cognoscenda, priusquam periculum 1
faceret, idoneum esse arbitratus Gaium Volusenum cum
navi longa praemittit. huic mandat, ut exploratis omni- 2
bus rebus ad se quam primum revertatur. ipse cum 3
omnibus copiis in Morinos proficiscitur, quod inde erat
brevissimus in Britanniam traiectus. huc naves undique 4
ex finitimis regionibus et, quam superiore aestate ad
Veneticum bellum effecerat classem, iubet convenire.
interim consilio eius cognito et per mercatores perlato 5
ad Britannos a compluribus insulae civitatibus ad eum
legati veniunt, qui polliceantur obsides dare atque im-

4 rent et equos insuefactos incitarent. quibus rebus nostri
perterriti atque huius omnino generis pugnae imperiti
non eadem alacritate ac studio, quo in pedestribus uti
proeliis consuerant, utebantur.

1   XXV. Quod ubi Caesar animadvertit, naves longas, quarum et species erat barbaris inusitatior et motus
ad usum expeditior, paulum removeri ab onerariis navibus et remis incitari et ad latus apertum hostium constitui atque inde fundis, sagittis, tormentis hostes pro-
pelli ac submoveri iussit; quae res magno usui nostris
2 fuit. nam et navium figura et remorum motu et inusitato
genere tormentorum permoti barbari constiterunt ac pau-
3 lum modo pedem retulerunt. atque nostris militibus
cunctantibus, maxime propter altitudinem maris, qui decimae legionis aquilam ferebat, contestatus deos, ut ea
res legioni feliciter eveniret: *desilite,* inquit, *milites,*
nisi vultis aquilam hostibus prodere: ego certe meum
4 *reipublicae atque imperatori officium praestitero.* hoc
cum voce magna dixisset, se ex navi proiecit atque in
5 hostes aquilam ferre coepit. tum nostri cohortati inter
se, ne tantum dedecus admitteretur, universi ex navi
6 desiluerunt. hos item ex proximis navibus cum con-
spexissent, subsecuti hostibus appropinquarunt.

1   XXVI. Pugnatum est ab utrisque acriter. nostri
tamen, quod neque ordines servare neque firmiter insistere neque signa subsequi poterant, atque alius alia ex
navi, quibuscumque signis occurrerat, se aggregabat,
2 magnopere perturbabantur; hostes vero, notis omnibus
vadis, ubi ex litore aliquos singulares ex navi egredien-
tes conspexerant, incitatis equis impeditos adoriebantur,
3 plures paucos circumsistebant, alii ab latere aperto in
4 universos tela coniciebant. quod cum animadvertisset
Caesar, scaphas longarum navium, item speculatoria na-
vigia militibus compleri iussit et, quos laborantes con-

plerentur, necessario adversa nocte in altum provectae
continentem petierunt.

1   XXIX. Eadem nocte accidit, ut esset luna plena,
qui dies maritimos aestus maximos in Oceano efficere
2 consuevit, nostrisque id erat incognitum. ita uno tempore et longas naves, quibus Caesar exercitum transportandum curaverat quasque in aridum subduxerat,
aestus compleverat, et onerarias, quae ad ancoras erant
deligatae, tempestas afflictabat, neque ulla nostris facul-
3 tas aut administrandi aut auxiliandi dabatur. compluribus navibus fractis reliquae cum essent funibus, ancoris
reliquisque armamentis amissis ad navigandum inutiles,
magna, id quod necesse erat accidere, totius exercitus
4 perturbatio facta est. neque enim naves erant aliae,
quibus reportari possent, et omnia deerant, quae ad reficiendas naves erant usui, et, quod omnibus constabat,
hiemari in Gallia oportere, frumentum his in locis in
hiemem provisum non erat.

1   XXX. Quibus rebus cognitis principes Britanniae,
qui post proelium ad Caesarem convenerant, inter se
collocuti, cum equites et naves et frumentum Romanis deesse intellegerent et paucitatem militum ex castrorum
2 exiguitate cognoscerent, quae hoc erant etiam angustiora,
quod sine impedimentis Caesar legiones transportaverat,
optimum factu esse duxerunt, rebellione facta frumento
commeatuque nostros prohibere et rem in hiemem pro-
ducere, quod his superatis aut reditu interclusis neminem
postea belli inferendi causa in Britanniam transiturum
confidebant. itaque rursus coniuratione facta paulatim
ex castris discedere ac suos clam ex agris deducere
coeperunt.

1   XXXI. At Caesar, etsi nondum eorum consilia
cognoverat, tamen et ex eventu navium suarum et ex
eo, quod obsides dare intermiserant, fore id, quod accidit,

suspicabatur. itaque ad omnes casus subsidia compara- 2
bat. nam et frumentum ex agris cotidie in castra con-
ferebat et, quae gravissime afflictae erant naves, earum
materia atque aere ad reliquas reficiendas utebatur et
quae ad eas res erant usui, ex continenti comportari
iubebat. itaque cum summo studio a militibus admini- 3
straretur, XII navibus amissis, reliquis ut navigari commode posset, effecit.

XXXII. Dum ea geruntur, legione ex consuetu- 1
dine una frumentatum missa, quae appellabatur septima,
neque ulla ad id tempus belli suspicione interposita, cum
pars hominum in agris remaneret, pars etiam in castra
ventitaret, ii, qui pro portis castrorum in statione erant,
Caesari nuntiaverunt, pulverem maiorem, quam consuetudo ferret, in ea parte videri, quam in partem legio
iter fecisset. Caesar id, quod erat, suspicatus, aliquid 2
novi a barbaris initum consilii, cohortes, quae in stationibus erant, secum in eam partem proficisci, ex reliquis
duas in stationem cohortes succedere, reliquas armari et
confestim sese subsequi iussit. cum paulo longius a 3
castris processisset, suos ab hostibus premi atque aegre
sustinere et conferta legione ex omnibus partibus tela
conici animadvertit. nam quod omni ex reliquis parti- 4
bus demesso frumento pars una erat reliqua, suspicati
hostes huc nostros esse venturos noctu in silvis delitue-
rant; tum dispersos depositis armis in metendo occu- 5
patos subito adorti paucis interfectis reliquos incertis
ordinibus perturbaverant, simul equitatu atque essedis
circumdederant.

XXXIII. Genus hoc est ex essedis pugnae. primo 1
per omnes partes perequitant et tela coniciunt atque
ipso terrore equorum et strepitu rotarum ordines plerumque perturbant, et cum se inter equitum turmas insinua-
verunt, ex essedis desiliunt et pedibus proeliantur.

2 aurigae interim paulatim ex proelio excedunt atque ita currus collocant, ut, si illi a multitudine hostium preman-
3 tur, expeditum ad suos receptum habeant. ita mobilitatem equitum, stabilitatem peditum in proeliis praestant, ac tantum usu cotidiano et exercitatione efficiunt, uti in declivi ac praecipiti loco incitatos equos sustinere et brevi moderari ac flectere et per temonem percurrere et in iugo insistere et se inde in currus citissime recipere consuerint.

1   XXXIV. Quibus rebus perturbatis nostris novitate pugnae tempore opportunissimo Caesar auxilium tulit: namque eius adventu hostes constiterunt, nostri se ex
2 timore receperunt. quo facto ad lacessendum hostem et ad committendum proelium alienum esse tempus arbitratus suo se loco continuit et brevi tempore intermisso in ca-
3 stra legiones reduxit. dum haec geruntur, nostris omnibus occupatis, qui erant in agris reliqui, discesserunt.
4 secutae sunt continuos complures dies tempestates, quae et nostros in castris continerent et hostem a pugna pro-
5 hiberent. interim barbari nuntios in omnes partes dimiserunt paucitatemque nostrorum militum suis praedicaverunt et, quanta praedae faciendae atque in perpetuum sui liberandi facultas daretur, si Romanos castris expulissent, demonstraverunt. his rebus celeriter magna multitudine peditatus equitatusque coacta ad castra venerunt.

1   XXXV. Caesar, etsi idem, quod superioribus diebus acciderat, fore videbat, ut, si essent hostes pulsi, celeritate periculum effugerent, tamen nactus equites circiter XXX, quos Commius Atrebas, de quo ante dictum est, secum transportaverat, legiones in acie pro
2 castris constituit. commisso proelio diutius nostrorum militum impetum hostes ferre non potuerunt ac terga
3 verterunt. quos tanto spatio secuti, quantum cursu et

viribus efficere potuerunt, complures ex iis occiderunt, deinde omnibus longe lateque aedificiis incensis se in castra receperunt.

XXXVI. Eodem die legati ab hostibus missi ad 1 Caesarem de pace venerunt. his Caesar numerum ob- 2 sidum, quem ante imperaverat, duplicavit eosque in continentem adduci iussit, quod propinqua die aequinoctii infirmis navibus hiemi navigationem subiciendam non existimabat. ipse idoneam tempestatem nactus paulo 3 post mediam noctem naves solvit; quae omnes incolumes ad continentem pervenerunt; sed ex iis onerariae 4 duae eosdem, quos reliqui, portus capere non potuerunt et paulo infra delatae sunt.

XXXVII. Quibus ex navibus cum essent expositi 1 milites circiter trecenti atque in castra contenderent, Morini, quos Caesar in Britanniam proficiscens pacatos reliquerat, spe praedae adducti primo non ita magno suorum numero circumsteterunt ac, si sese interfici nollent, arma ponere iusserunt. cum illi orbe facto sese 2 defenderent, celeriter ad clamorem hominum circiter milia sex convenerunt. qua re nuntiata Caesar omnem ex castris equitatum suis auxilio misit. interim nostri mili- 3 tes impetum hostium sustinuerunt atque amplius horis quattuor fortissime pugnaverunt et paucis vulneribus acceptis complures ex his occiderunt. postea vero quam 4 equitatus noster in conspectum venit, hostes abiectis armis terga verterunt magnusque eorum numerus est occisus.

XXXVIII. Caesar postero die Titum Labienum 1 legatum cum iis legionibus, quas ex Britannia reduxerat, in Morinos, qui rebellionem fecerant, misit. qui 2 cum propter siccitates paludum, quo se reciperent, non haberent, quo superiore anno perfugio erant usi, omnes fere in potestatem Labieni pervenerunt. at Q. Titurius 3

et L. Cotta legati, qui in Menapiorum fines legiones
duxerant, omnibus eorum agris vastatis, frumentis succisis, aedificiis incensis, quod Menapii se omnes in den-
sissimas silvas abdiderant, se ad Caesarem receperunt.
4 Caesar in Belgis omnium legionum hiberna constituit.
eo duae omnino civitates ex Britannia obsides miserunt,
5 reliquae neglexerunt. his rebus gestis ex litteris Caesaris dierum viginti supplicatio a senatu decreta est.

C. IULII CAESARIS

DE BELLO GALLICO

COMMENTARIUS QUINTUS.

1   I. L. Domitio, Ap. Claudio consulibus discedens
ab hibernis Caesar in Italiam, ut quotannis facere consuerat, legatis imperat, quos legionibus praefecerat, uti,
quam plurimas possent, hieme naves aedificandas veteres-
que reficiendas curarent. earum modum formamque de-
2 monstrat. ad celeritatem onerandi subductionesque paulo
facit humiliores, quam quibus in nostro mari uti con-
suevimus, atque id eo magis, quod propter crebras com-
mutationes aestuum minus magnos ibi fluctus fieri
cognoverat; ad onera ac multitudinem iumentorum trans-
portandam paulo latiores, quam quibus in reliquis utimur
3 maribus. has omnes actuarias imperat fieri, quam ad
4 rem multum humilitas adiuvat. ea, quae sunt usui ad
5 armandas naves, ex Hispania apportari iubet. ipse con-
ventibus Galliae citerioris peractis in Illyricum proficiscitur, quod a Pirustis finitimam partem provinciae incur-
6 sionibus vastari audiebat. eo cum venisset, civitatibus

4 gererentur, ostendit. at Indutiomarus equitatum peditatumque cogere iisque, qui per aetatem in armis esse non poterant, in silvam Arduennam abditis, quae ingenti magnitudine per medios fines Treverorum a flumine Rheno ad initium Remorum pertinet, bellum
5 parare instituit. sed posteaquam nonnulli principes ex ea civitate et familiaritate Cingetorigis adducti et adventu nostri exercitus perterriti ad Caesarem venerunt et de suis privatim˙rebus ab eo petere coeperunt, quoniam civitati consulere non possent, veritus, ne ab omnibus desereretur, ·Indutiomarus legatos ad Caesarem
6 mittit: sese idcirco ab suis discedere atque ad eum venire noluisse, quo facilius civitatem in officio contineret, ne omnis nobilitatis discessu plebs propter im
7 prudentiam laberetur; itaque esse civitatem in sua potestate, seseque, si Caesar permitteret, ad eum in castra venturum, suas civitatisque fortunas eius fidei permissurum.

1 　　IV. Caesar, etsi intellegebat, qua de causa ea dicerentur quaeque eum res ab instituto consilio deterreret, tamen, ne aestatem in Treveris consumere cogeretur omnibus ad Britannicum bellum rebus comparatis,
2 Indutiomarum ad se cum CC obsidibus venire iussit. his adductis, in iis filio propinquisque eius omnibus, quos nominatim evocaverat, consolatus Indutiomarum hortatus
3 que est, uti in officio maneret; nihilo tamen secius principibus Treverorum ad se convocatis hos singillatim Cingetorigi conciliavit, quod cum merito eius a se fieri intellegebat, tum magni interesse arbitrabatur, eius auctoritatem inter suos quam plurimum valere, cuius tam
4 egregiam in se voluntatem perspexisset. id tulit factum graviter Indutiomarus, suam gratiam inter suos minui et, qui iam ante inimico in nos animo fuisset, multo gravius hoc dolore exarsit.

V. His rebus constitutis Caesar ad portum Itium 1 cum legionibus pervenit. ibi cognoscit, LX naves, quae 2 in Meldis factae erant, tempestate reiectas cursum tenere non potuisse atque eodem, unde erant profectae, revertisse; reliquas paratas ad navigandum atque omnibus rebus instructas invenit. eodem equitatus totius Galliae 3 convenit numero milium quattuor principesque ex omnibus civitatibus; ex quibus perpaucos, quorum in se fidem 4 perspexerat, relinquere in Gallia, reliquos obsidum loco secum ducere decreverat, quod, cum ipse abesset, motum Galliae verebatur.

VI. Erat una cum ceteris Dumnorix Aeduus, de 1 quo ante ab nobis dictum est. hunc secum habere in primis constituerat, quod eum cupidum rerum novarum, cupidum imperii, magni animi, magnae inter Gallos auctoritatis cognoverat. accedebat huc, quod in concilio 2 Aeduorum Dumnorix dixerat, sibi a Caesare regnum civitatis deferri; quod dictum Aedui graviter ferebant, neque recusandi aut deprecandi causa legatos ad Caesarem mittere audebant. id factum ex suis hospitibus 3 Caesar cognoverat. ille omnibus primo precibus petere contendit, ut in Gallia relinqueretur, partim quod insuetus navigandi mare timeret, partim quod religionibus impediri sese diceret. posteaquam id obstinate sibi negari vidit, omni spe impetrandi adempta, principes Galliae sollicitare, sevocare singulos hortarique coepit, uti in continenti remanerent; metu territare: non sine causa 5 fieri, ut Gallia omni nobilitate spoliaretur; id esse consilium Caesaris, ut, quos in conspectu Galliae interficere vereretur, hos omnes in Britanniam traductos necaret; fidem reliquis interponere, iusiurandum poscere, ut, quod 6 esse ex usu Galliae intellexissent, communi consilio administrarent. haec a compluribus ad Caesarem deferebantur.

secutus remis contendit, ut eam partem insulae caperet, qua optimum esse egressum superiore aestate cognoverat. qua in re admodum fuit militum virtus laudanda, qui 4 vectoriis gravibusque navigiis non intermisso remigandi labore longarum navium cursum adaequarunt. accessum 5 est ad Britanniam omnibus navibus meridiano fere tempore, neque in eo loco hostis est visus; sed, ut postea 6 Caesar ex captivis cognovit, cum magnae manus eo convenissent, multitudine navium perterritae, quae cum annotinis privatisque, quas sui quisque commodi causa fecerat, amplius octingentae uno erant visae tempore, a litore discesserant ac se in superiora loca abdiderant.

IX. Caesar exposito exercitu et loco castris idoneo 1 capto, ubi ex captivis cognovit, quo in loco hostium copiae consedissent, cohortibus decem ad mare relictis et equitibus trecentis, qui praesidio navibus essent, de tertia vigilia ad hostes contendit, eo minus veritus navibus, quod in litore molli atque aperto deligatas ad ancoras relinquebat. ei praesidio navibusque Quintum Atrium praefecit. ipse noctu progressus milia passuum 2 circiter XII hostium copias conspicatus est. illi equitatu 3 atque essedis ad flumen progressi ex loco superiore nostros prohibere et proelium committere coeperunt. repulsi ab 4 equitatu se in silvas abdiderunt, locum nacti egregie et natura et opere munitum, quem domestici belli, ut videbantur, causa iam ante praeparaverant; nam crebris 5 arboribus succisis omnes introitus erant praeclusi. ipsi 6 ex silvis rari propugnabant nostrosque intra munitiones ingredi prohibebant. at milites legionis septimae testudine facta et aggere ad munitiones adiecto locum ceperunt eosque ex silvis expulerunt paucis vulneribus acceptis. sed eos fugientes longius Caesar prosequi vetuit, 8 et quod loci naturam ignorabat, et quod magna parte diei consumpta munitioni castrorum tempus relinqui volebat.

1 X. Postridie eius diei mane tripertito milites equitesque in expeditionem misit, ut eos, qui fugerant, per-
2 sequerentur. his aliquantum itineris progressis, cum iam extremi essent in prospectu, equites a Quinto Atrio ad Caesarem venerunt, qui nuntiarent, superiore nocte maxima coorta tempestate prope omnes naves afflictas atque in litore eiectas esse, quod neque ancorae funesque subsisterent neque nautae gubernatoresque vim tempestatis
3 pati possent: itaque ex eo concursu navium magnum esse incommodum acceptum.

1 XI. His rebus cognitis Caesar legiones equitatumque revocari atque in itinere resistere iubet, ipse ad
2 naves revertitur; eadem fere, quae ex nuntiis litterisque cognoverat, coram perspicit, sic ut amissis circiter XL navibus reliquae tamen refici posse magno negotio vide-
3 rentur. itaque ex legionibus fabros deligit et ex con-
4 tinenti alios arcessi iubet; Labieno scribit, ut quam plurimas possit iis legionibus, quae sint apud eum, naves
5 instituat. ipse, etsi res erat multae operae ac laboris, tamen commodissimum esse statuit, omnes naves sub-
6 duci et cum castris una munitione coniungi. in his rebus circiter dies X consumit, ne nocturnis quidem tempori-
7 bus ad laborem militum intermissis. subductis navibus castrisque egregie munitis easdem copias, quas ante, praesidio navibus reliquit, ipse eodem, unde redierat, pro-
8 ficiscitur. eo cum venisset, maiores iam undique in eum locum copiae Britannorum convenerant summa imperii bellique administrandi communi consilio permissa Cassivellauno; cuius fines a maritimis civitatibus flumen dividit, quod appellatur Tamesis, a mari circiter milia
9 passuum LXXX. huic superiore tempore cum reliquis civitatibus continentia bella intercesserant; sed nostro adventu permoti Britanni hunc toti bello imperioque praefecerant.

XII. Britanniae pars interior ab iis incolitur, quos 1
natos in insula ipsi memoria proditum dicunt, maritima 2
pars ab iis, qui praedandi ac belli inferendi causa ex
Belgio transierant — qui omnes fere iis nominibus civitatum appellantur, quibus orti ex civitatibus eo pervenerunt — et bello illato ibi permanserunt atque agros
colere coeperunt. hominum est infinita multitudo creber- 3
rimaque aedificia fere Gallicis consimilia, pecorum magnus
numerus. utuntur aut aere aut taleis ferreis ad certum 4
pondus examinatis pro nummo. nascitur ibi plumbum 5
album in mediterraneis regionibus, in maritimis ferrum,
sed eius exigua est copia; aere utuntur importato. materia
cuiusque generis ut in Gallia est praeter fagum atque
abietem. leporem et gallinam et anserem gustare fas non 6
putant; haec tamen alunt animi voluptatisque causa. loca
sunt temperatiora quam in Gallia remissioribus frigoribus.

XIII. Insula natura triquetra, cuius unum latus 1
est contra Galliam. huius lateris alter angulus, qui est
ad Cantium, quo fere omnes ex Gallia naves appellun-
tur, ad orientem solem, inferior ad meridiem spectat.
hoc pertinet circiter milia passuum quingenta. alterum 2
vergit ad Hispaniam atque occidentem solem; qua ex
parte est Hibernia, dimidio minor, ut existimatur, quam
Britannia, sed pari spatio transmissus atque ex Gallia
est in Britanniam. in hoc medio cursu est insula, quae 3
appellatur Mona; complures praeterea minores subiectae
insulae existimantur; de quibus insulis nonnulli scripse-
runt, dies continuos triginta sub bruma esse noctem.
nos nihil de eo percontationibus reperiebamus, nisi cer- 4
tis ex aqua mensuris breviores esse quam in continenti
noctes videbamus. huius est longitudo lateris, ut fert 5
illorum opinio, septingentorum milium. tertium est contra 6
septemtriones; cui parti nulla est obiecta terra, sed eius
angulus lateris maxime ad Germaniam spectat. hoc milia

passuum octingenta in longitudinem esse existimatur.
7 ita omnis insula est in circuitu vicies centenum milium .
passuum.

1   XIV. Ex his omnibus longe sunt humanissimi,
qui Cantium incolunt, quae regio est maritima omnis,
2 neque multum a Gallica differunt consuetudine. interiores
plerique frumenta non serunt, sed lacte et carne vivunt
pellibusque sunt vestiti. omnes vero se Britanni vitro
inficiunt, quod caeruleum efficit colorem, atque hoc hor-
3 ridiores sunt in pugna aspectu; capilloque sunt promisso
atque omni parte corporis rasa praeter caput et labrum
4 superius. uxores habent deni duodenique inter se communes, et maxime fratres cum fratribus parentesque cum
5 liberis; sed si qui sunt ex his nati, eorum habentur liberi,
quo primum virgo quaeque deducta est.

1   XV. Equites hostium essedariique acriter proelio
cum equitatu nostro in itinere conflixerunt, ita tamen
ut nostri omnibus partibus superiores fuerint atque eos
2 in silvas collesque compulerint; sed compluribus inter-
3 fectis cupidius insecuti nonnullos ex suis amiserunt. at
illi intermisso spatio, imprudentibus nostris atque occupatis in munitione castrorum, subito se ex silvis eiecerunt impetuque in eos facto, qui erant in statione pro
4 castris collocati, acriter pugnaverunt, duabusque missis
subsidio cohortibus a Caesare, atque iis primis legionum
duarum, cum hae perexiguo intermisso loci spatio inter
se constitissent, novo genere pugnae perterritis nostris
per medios audacissime perruperunt seque inde incolu-
5 mes receperunt. eo die Quintus Laberius Durus tribunus militum interficitur. illi pluribus submissis cohortibus
repelluntur.

1   XVI. Toto hoc in genere pugnae, cum sub oculis
omnium ac pro castris dimicaretur, intellectum est nostros
propter gravitatem armorum, quod neque insequi ceden-

tes possent neque ab signis discedere auderent, minus
aptos esse ad huius generis hostem, equites autem magno 2
cum periculo proelio dimicare, propterea quod illi etiam
consulto plerumque cederent et, cum paulum ab legionibus nostros removissent, ex essedis desilirent et pedibus
dispari proelio contenderent. equestris autem proelii 3
ratio et cedentibus et insequentibus par atque idem periculum inferebat. accedebat huc, ut numquam conferti, 4
sed rari magnisque intervallis proeliarentur stationesque
dispositas haberent, atque alios alii deinceps exciperent
integrique et recentes defatigatis succederent.

XVII. Postero die procul a castris hostes in colli- 1
bus constiterunt rarique se ostendere et lenius quam
pridie nostros equites proelio lacessere coeperunt. sed 2
meridie, cum Caesar pabulandi causa tres legiones atque
omnem equitatum cum Gaio Trebonio legato misisset,
repente ex omnibus partibus ad pabulatores advolaverunt,
sic uti ab signis legionibusque non absisterent. nostri 3
acriter in eos impetu facto reppulerunt neque finem sequendi fecerunt, quoad subsidio confisi equites, cum post
se legiones viderent, praecipites hostes egerunt, magno- 4
que eorum numero interfecto neque sui colligendi neque
consistendi aut ex essedis desiliendi facultatem dederunt.
ex hac fuga protinus, quae undique convenerant, auxilia 5
discesserunt, neque post id tempus umquam summis no-
biscum copiis hostes contenderunt.

XVIII. Caesar cognito consilio eorum ad flumen 1
Tamesim in fines Cassivellauni exercitum duxit; quod
flumen uno omnino loco pedibus, atque hoc aegre,
transiri potest. eo cum venisset, animum advertit ad 2
alteram fluminis ripam magnas esse copias hostium
instructas. ripa autem erat acutis sudibus praefixis 3
munita, eiusdemque generis sub aqua defixae sudes flumine tegebantur. his rebus cognitis a captivis perfugis- 4

que Caesar praemisso equitatu confestim legiones sub-
5 sequi iussit. sed ea celeritate atque eo impetu milites
ierunt, cum capite solo ex aqua exstarent, ut hostes impetum legionum atque equitum sustinere non possent
ripasque dimitterent ac se fugae mandarent.

1   XIX. Cassivellaunus, ut supra demonstravimus,
omni deposita spe contentionis, dimissis amplioribus copiis, milibus circiter quattuor essedariorum relictis, itinera
nostra servabat paulumque ex via excedebat locisque
impeditis ac silvestribus sese occultabat atque iis regio-
2 nibus, quibus nos iter facturos cognoverat, pecora atque
homines ex agris in silvas compellebat et, cum equitatus
noster liberius praedandi vastandique causa se in agros
eiecerat, omnibus viis semitisque essedarios ex silvis
emittebat et magno cum periculo nostrorum equitum cum
iis confligebat atque hoc metu latius vagari prohibebat.
3 relinquebatur, ut neque longius ab agmine legionum
discedi Caesar pateretur, et tantum in agris vastandis
incendiisque faciendis hostibus noceretur, quantum labore
atque itinere legionarii milites efficere poterant.

1   XX. Interim Trinobantes, prope firmissima earum
regionum civitas, ex qua Mandubracius adulescens Caesaris fidem secutus ad eum in continentem Galliam
venerat, cuius pater in ea civitate regnum obtinuerat
interfectusque erat a Cassivellauno, ipse fuga mortem
2 vitaverat, legatos ad Caesarem mittunt pollicenturque,
3 sese ei dedituros atque imperata facturos; petunt, ut
Mandubracium ab iniuria Cassivellauni defendat atque
4 in civitatem mittat, qui praesit imperiumque obtineat. his
Caesar imperat obsides quadraginta frumentumque exercitui Mandubraciumque ad eos mittit. illi imperata celeriter
fecerunt, obsides ad numerum frumentumque miserunt.

1   XXI. Trinobantibus defensis atque ab omni militum iniuria prohibitis Cenimagni, Segontiaci, Ancalites,

Bibroci, Cassi legationibus missis sese Caesari dedunt. ab his cognoscit, non longe ex eo loco oppidum Cassi- 2 vellauni abesse silvis paludibusque munitum, quo satis magnus hominum pecorisque numerus convenerit. oppi- 3 dum autem Britanni vocant, cum silvas impeditas vallo atque fossa munierunt, quo incursionis hostium vitandae causa convenire consuerunt. eo proficiscitur cum legio- 4 nibus: locum reperit egregie natura atque opere muni- tum; tamen hunc duabus ex partibus oppugnare con- tendit. hostes paulisper morati militum nostrorum impetum 5 non tulerunt seseque alia ex parte oppidi eiecerunt. magnus ibi numerus pecoris repertus, multique in fuga 6 sunt comprehensi atque interfecti.

XXII.   Dum haec in his locis geruntur, Cassivel- 1 launus ad Cantium, quod esse ad mare supra demon- stravimus, quibus regionibus quattuor reges praeerant, Cingetorix, Carvilius, Taximagulus, Segovax, nuntios mit- tit atque his imperat, uti coactis omnibus copiis castra navalia de improviso adoriantur atque oppugnent. ii cum 2 ad castra venissent, nostri eruptione facta multis eorum interfectis, capto etiam nobili duce Lugotorige suos in- columes reduxerunt. Cassivellaunus hoc proelio nuntiato 3 tot detrimentis acceptis, vastatis finibus, maxime etiam permotus defectione civitatum, legatos per Atrebatem Commium de deditione ad Caesarem mittit. Caesar, cum 4 constituisset hiemare in continenti propter repentinos Galliae motus, neque multum aestatis superesset, atque id facile extrahi posse intellegeret, obsides imperat et quid in annos singulos vectigalis populo Romano Bri- tannia penderet, constituit; interdicit atque imperat Cas- 5 sivellauno, ne Mandubracio neu Trinobantibus noceat.

XXIII.   Obsidibus acceptis exercitum reducit ad 1 mare, naves invenit refectas. his deductis, quod et cap- 2 tivorum magnum numerum habebat et nonnullae tem-

pestate deperierant naves, duobus commeatibus exercitum
3 reportare instituit. ac sic accidit, uti ex tanto navium
numero tot navigationibus neque hoc neque superiore
anno ulla omnino navis, quae milites portaret, desidera-
4 retur; at ex iis, quae inanes ex continenti ad eum
remitterentur, et prioris commeatus expositis militibus et
quas postea Labienus faciendas curaverat numero LX,
perpaucae locum caperent, reliquae fere omnes reiceren-
5 tur. quas cum aliquamdiu Caesar frustra exspectasset,
ne anni tempore a navigatione excluderetur, quod aequi-
6 noctium suberat, necessario angustius milites collocavit
ac, summa tranquillitate consecuta, secunda inita cum
solvisset vigilia, prima luce terram attigit omnesque incolumes naves perduxit.

1 XXIV. Subductis navibus concilioque Gallorum
Samarobrivae peracto, quod eo anno frumentum in Gallia propter siccitates angustius provenerat, coactus est
aliter ac superioribus annis exercitum in hibernis collo-
2 care legionesque in plures civitates distribuere. ex quibus unam in Morinos ducendam Gaio Fabio legato dedit,
alteram in Nervios Quinto Ciceroni, tertiam in Esubios
Lucio Roscio; quartam in Remis cum Tito Labieno in
3 confinio Treverorum hiemare iussit; tres in Belgis collocavit; his Marcum Crassum quaestorem et Lucium Mu-
natium Plancum et Gaium Trebonium legatos praefecit.
4 unam legionem, quam proxime trans Padum conscripserat,
et cohortes V in Eburones, quorum pars maxima est
inter Mosam ac Rhenum, qui sub imperio Ambiorigis et
5 Catuvolci erant, misit. his militibus Quintum Titurium
Sabinum et Lucium Aurunculeium Cottam legatos prae-
6 esse iussit. ad hunc modum distributis legionibus facillime inopiae frumentariae sese mederi posse existimavit.
7 atque harum tamen omnium legionum hiberna praeter
eam, quam Lucio Roscio in pacatissimam et quietissimam

partem ducendam dederat, milibus passuum centum continebantur. ipse interea, quoad legiones collocatas munitaque hiberna cognovisset, in Gallia morari constituit. 8

XXV. Erat in Carnutibus summo loco natus Tasgetius, cuius maiores in sua civitate regnum obtinuerant. 1 huic Caesar pro eius virtute atque in se benevolentia, 2 quod in omnibus bellis singulari eius opera fuerat usus, maiorum locum restituerat. tertium iam hunc annum 3 regnantem inimici multis palam ex civitate auctoribus interfecerunt. defertur ea res ad Caesarem. ille veritus, 4 quod ad plures res pertinebat, ne civitas eorum impulsu deficeret, Lucium Plancum cum legione ex Belgio celeriter in Carnutes proficisci iubet ibique hiemare, quorumque opera cognoverat Tasgetium interfectum, hos comprehensos ad se mittere. interim ab omnibus legatis 5 quaestoreque, quibus legiones tradiderat, certior factus est, in hiberna perventum locumque esse munitum.

XXVI. Diebus circiter XV, quibus in hiberna ventum est, initium repentini tumultus ac defectionis ortum 1 est ab Ambiorige et Catuvolco; qui cum ad fines regni sui 2 Sabino Cottaeque praesto fuissent frumentumque in hiberna comportavissent, Indutiomari Treveri nuntiis impulsi suos concitaverunt subitoque oppressis lignatoribus magna manu ad castra oppugnatum venerunt. cum 3 celeriter nostri arma cepissent vallumque ascendissent atque una ex parte Hispanis equitibus emissis equestri proelio superiores fuissent, desperata re hostes suos ab oppugnatione reduxerunt. tum conclamaverunt, uti aliqui 4 ex nostris ad colloquium prodiret: habere sese, quae de re communi dicere vellent, quibus rebus controversias minui posse sperarent.

XXVII. Mittitur ad eos colloquendi causa Gaius 1 Arpineius, eques Romanus, familiaris Quinti Titurii, et Quintus Iunius ex Hispania quidam, qui iam ante missu

Caesaris ad Ambiorigem ventitare consuerat; apud quos
2 Ambiorix ad hunc modum locutus est: sese pro Caesaris
in se beneficiis plurimum ei confiteri debere, quod eius
opera stipendio liberatus esset, quod Aduatucis, finitimis
suis, pendere consuesset, quodque ei et filius et fratris
filius ab Caesare remissi essent, quos Aduatuci obsidum
numero missos apud se in servitute et catenis tenuissent;
3 neque id, quod fecerit de oppugnatione castrorum, aut
iudicio aut voluntate sua fecisse, sed coactu civitatis,
suaque esse eiusmodi imperia, ut non minus haberet
4 iuris in se multitudo, quam ipse in multitudinem. civitati
porro hanc fuisse belli causam, quod repentinae Gallorum coniurationi resistere non potuerit. id se facile
ex humilitate sua probare posse, quod non adeo sit
imperitus rerum, ut suis copiis populum Romanum
5 superari posse confidat. sed esse Galliae commune
consilium: omnibus hibernis Caesaris oppugnandis hunc
esse dictum diem, ne qua legio alterae legioni subsidio
6 venire posset. non facile Gallos Gallis negare potuisse,
praesertim cum de reciperanda communi libertate con-
7 silium initum videretur. quibus quoniam pro pietate
satisfecerit, habere nunc se rationem officii pro beneficiis Caesaris: monere, orare Titurium pro hospitio, ut
8 suae ac militum saluti consulat. magnam manum Germanorum conductam Rhenum transisse; hanc affore
9 biduo. ipsorum esse consilium, velintne prius, quam
finitimi sentiant, eductos ex hibernis milites aut ad
Ciceronem aut ad Labienum deducere, quorum alter
milia passuum circiter quinquaginta, alter paulo amplius
10 ab iis absit. illud se polliceri et iureiurando confir-
11 mare, tutum iter per fines daturum. quod cum faciat,
et civitati sese consulere, quod hibernis levetur, et Caesari pro eius meritis gratiam referre. hac oratione habita
discedit Ambiorix.

XXVIII. Arpineius et Iunius, quae audierant, ad 1
legatos deferunt. illi repentina re perturbati, etsi ab
hoste ea dicebantur, tamen non neglegenda existimabant,
maximeque hac re permovebantur, quod civitatem igno-
bilem atque humilem Eburonum sua sponte populo Romano
bellum facere ausam vix erat credendum. itaque ad 2
consilium rem deferunt, magnaque inter eos exsistit controversia. Lucius Aurunculeius compluresque tribuni 3
militum et primorum ordinum centuriones nihil temere
agendum neque ex hibernis iniussu Caesaris discedendum
existimabant; quantasvis copias Germanorum sustineri 4
posse munitis hibernis docebant: rem esse testimonio,
quod primum hostium impetum multis ultro vulneribus
illatis fortissime sustinuerint; re frumentaria non premi;
interea et ex proximis hibernis et a Caesare conventura 5
subsidia; postremo quid esse levius aut turpius, quam 6
auctore hoste de summis rebus capere consilium?

XXIX. Contra ea Titurius sero facturos clamita- 1
bat, cum maiores manus hostium adiunctis Germanis
convenissent, aut cum aliquid calamitatis in proximis
hibernis esset acceptum. brevem consulendi esse occasionem. Caesarem arbitrari profectum in Italiam; neque 2
aliter Carnutes interficiendi Tasgetii consilium fuisse
capturos, neque Eburones, si ille adesset, tanta contemptione nostri ad castra venturos esse. non hostem aucto- 3
rem, sed rem spectare: subesse Rhenum; magno esse
Germanis dolori Ariovisti mortem et superiores nostras
victorias; ardere Galliam tot contumeliis acceptis sub 4
populi Romani imperium redactam, superiore gloria rei
militaris exstincta. postremo quis hoc sibi persuaderet, 5
sine certa re Ambiorigem ad eiusmodi consilium descen-
disse? suam sententiam in utramque partem esse tutam: 6
si nihil esset durius, nullo cum periculo ad proximam
legionem perventuros; si Gallia omnis cum Germanis

consentiret, unam esse in celeritate positam salutem.
7 Cottae quidem atque eorum, qui dissentirent, consilium
quem habere exitum? in quo si non praesens periculum, at certe longinqua obsidione fames esset timenda.

1   XXX. Hac in utramque partem disputatione habita,
cum a Cotta primisque ordinibus acriter resisteretur: *vin-
cite*, inquit, *si ita vultis*, Sabinus, et id clariore voce,
2 ut magna pars militum exaudiret; *neque is sum*, inquit,
qui gravissime ex vobis mortis periculo terrear: hi
sapient; si gravius quid acciderit, abs te rationem re-
3 *poscent; qui, si per te liceat, perendino die cum pro-*
ximis hibernis coniuncti communem cum reliquis belli
casum sustineant, non reiecti et relegati longe ab ceteris
aut ferro aut fame intereant.

1   XXXI. Consurgitur ex consilio; comprehendunt
utrumque et orant, ne sua dissensione et pertinacia rem
2 in summum periculum deducant: facilem esse rem, seu
maneant, seu proficiscantur, si modo unum omnes sentiant ac probent; contra in dissensione nullam se salu-
3 tem perspicere. res disputatione ad mediam noctem
perducitur. tandem dat Cotta permotus manus: superat
4 sententia Sabini. pronuntiatur prima luce ituros. con-
sumitur vigiliis reliqua pars noctis, cum sua quisque
miles circumspiceret, quid secum portare posset, quid ex
5 instrumento hibernorum relinquere cogeretur. omnia ex-
cogitantur, quare nec sine periculo maneatur et languore
6 militum et vigiliis periculum augeatur. prima luce sic
ex castris proficiscuntur, ut quibus esset persuasum, non
ab hoste, sed ab homine amicissimo consilium datum, lon-
gissimo agmine maximisque impedimentis.

1   XXXII. At hostes, posteaquam ex nocturno fremitu vigiliisque de profectione eorum senserunt, collocatis insidiis bipertito in silvis opportuno atque occulto
loco a milibus passuum circiter duobus Romanorum ad-

ventum exspectabant, et cum se maior pars agminis in 2
magnam convallem demisisset, ex utraque parte eius
vallis subito se ostenderunt novissimosque premere et
primos prohibere ascensu atque iniquissimo nostris loco
proelium committere coeperunt.

XXXIII. Tum demum Titurius, qui nihil ante 1
providisset, trepidare et concursare cohortesque disponere, haec tamen ipsa timide atque ut eum omnia
deficere viderentur; quod plerumque iis accidere consuevit, qui in ipso negotio consilium capere coguntur.
at Cotta, qui cogitasset, haec posse in itinere accidere, 2
atque ob eam causam profectionis auctor non fuisset,
nulla in re communi saluti deerat et in appellandis co-
hortandisque militibus imperatoris et in pugna militis
officia praestabat. cum propter longitudinem agminis 3
minus facile omnia per se obire et, quid quoque loco
faciendum esset, providere possent, iusserunt pronuntiare,
ut impedimenta relinquerent atque in orbem consisterent. quod consilium etsi in eiusmodi casu reprehen- 4
dendum non est, tamen incommode accidit: nam et 5
nostris militibus spem minuit et hostes ad pugnandum
alacriores effecit, quod non sine summo timore et de-
speratione id factum videbatur. praeterea accidit, quod 6
fieri necesse erat, ut vulgo milites ab signis discederent,
quaeque quisque eorum carissima haberet, ab impedimentis petere atque arripere properaret, clamore et fletu omnia complerentur.

XXXIV. At barbaris consilium non defuit. nam 1
duces eorum tota acie pronuntiare iusserunt, ne quis ab
loco discederet: illorum esse praedam atque illis reser-
vari, quaecumque Romani reliquissent: proinde omnia
in victoria posita existimarent. erant et virtute et stu- 2
dio pugnandi pares nostri; tametsi ab duce et a fortuna
deserebantur, tamen omnem spem salutis in virtute pone-

bant, et quotiens quaeque cohors procurrerat, ab ea parte
3 magnus numerus hostium cadebat. qua re animadversa
Ambiorix pronuntiari iubet, ut procul tela coniciant neu
propius accedant et, quam in partem Romani impetum
4 fecerint, cedant: levitate armorum et cotidiana exercitatione nihil iis noceri posse; rursus se ad signa recipien-
tes insequantur.

1　　　　XXXV. Quo praecepto ab iis diligentissime ob-
servato cum quaepiam cohors ex orbe excesserat atque
2 impetum fecerat, hostes velocissime refugiebant. interim
eam partem nudari necesse erat et ab latere aperto
3 tela recipi. rursus, cum in eum locum, unde erant egressi,
reverti coeperant, et ab iis, qui cesserant, et ab iis, qui
4 proximi steterant, circumveniebantur; sin autem locum
tenere vellent, nec virtuti locus relinquebatur, neque ab
tanta multitudine coniecta tela conferti vitare poterant.
5 tamen tot incommodis conflictati, multis vulneribus acceptis resistebant et magna parte diei consumpta, cum
a prima luce ad horam octavam pugnaretur, nihil, quod
6 ipsis esset indignum, committebant. tum Tito Balventio,
qui superiore anno primum pilum duxerat, viro forti et
magnae auctoritatis, utrumque femur tragula traicitur;
7 Quintus Lucanius, eiusdem ordinis, fortissime pugnans,
8 dum circumvento filio subvenit, interficitur; Lucius Cotta
legatus omnes cohortes ordinesque adhortans in adversum os funda vulneratur.

1　　　　XXXVI. His rebus permotus Quintus Titurius, cum
procul Ambiorigem suos cohortantem conspexisset, inter-
pretem suum Gnaeum Pompeium ad eum mittit rogatum,
2 ut sibi militibusque parcat. ille appellatus respondit: si
velit secum colloqui, licere; sperare, a multitudine impetrari posse, quod ad militum salutem pertineat; ipsi vero
nihil nocitum iri, inque eam rem se suam fidem interponere.
3 ille cum Cotta saucio communicat, si videatur, pugna ut

1   XXXIX. Itaque confestim dimissis nuntiis ad Ceutrones, Grudios, Levacos, Pleumoxios, Geidumnos, qui
omnes sub eorum imperio sunt, quam maximas manus
possunt, cogunt et de improviso ad Ciceronis hiberna
advolant, nondum ad eum fama de Titurii morte perlata.
2 huic quoque accidit, quod fuit necesse, ut nonnulli milites,
qui lignationis munitionisque causa in silvas discessis-
3 sent, repentino equitum adventu interciperentur. his
circumventis magna manu Eburones, Nervii, Aduatuci
atque horum omnium socii et clientes legionem oppugnare
4 incipiunt. nostri celeriter ad arma concurrunt, vallum
conscendunt. aegre is dies sustentatur, quod omnem
spem hostes in celeritate ponebant atque hanc adepti
victoriam in perpetuum se fore victores confidebant.

1   XL. Mittuntur ad Caesarem confestim ab Cicerone
litterae nuntiique, magnis propositis praemiis, si per-
2 tulissent; obsessis omnibus viis missi intercipiuntur. noctu
ex materia, quam munitionis causa comportaverant, turres ad numerum CXX excitantur incredibili celeritate;
3 quae deesse operi videbantur, perficiuntur. hostes postero die multo maioribus coactis copiis castra oppugnant,
fossam complent. eadem ratione, qua pridie, ab nostris
4 resistitur. hoc idem reliquis deinceps fit diebus. nulla
5 pars nocturni temporis ad laborem intermittitur; non
6 aegris, non vulneratis facultas quietis datur. quaecum
que ad proximi diei oppugnationem opus sunt, noctu
comparantur; multae praeustae sudes, magnus muralium
pilorum numerus instituitur; turres contabulantur, pinnae
7 loricaeque ex cratibus attexuntur. ipse Cicero, cum te-
nuissima valetudine esset, ne nocturnum quidem sibi tempus ad quietem relinquebat, ut ultro militum concursu
ac vocibus sibi parcere cogeretur.

1   XLI. Tunc duces principesque Nerviorum, qui
aliquem sermonis aditum causamque amicitiae cum Cice-

rone habebant, colloqui sese velle dicunt. facta pote- 2
state eadem, quae Ambiorix cum Titurio egerat, com-
memorant: omnem esse in armis Galliam; Germanos 3
Rhenum transisse; Caesaris reliquorumque hiberna oppugnari. addunt etiam de Sabini morte; Ambiorigem 4
ostentant fidei faciendae causa. errare eos dicunt, si 5
quicquam ab his praesidii sperent, qui suis rebus diffi-
dant; sese tamen hoc esse in Ciceronem populumque
Romanum animo, ut nihil nisi hiberna recusent atque
hanc inveterascere consuetudinem nolint; licere illis in- 6
columibus per se ex hibernis discedere et, quascumque
in partes velint, sine metu proficisci. Cicero ad haec 7
unum modo respondit: non esse consuetudinem populi
Romani accipere ab hoste armato condicionem: si ab 8
armis discedere velint, se adiutore utantur legatosque ad
Caesarem mittant; sperare pro eius iustitia, quae petie-
rint, impetraturos.

XLII. Ab hac spe repulsi Nervii vallo pedum IX 1
et fossa pedum XV hiberna cingunt. haec et superio- 2
rum annorum consuetudine ab nobis cognoverant et,
quos de exercitu habebant captivos, ab his docebantur;
sed nulla ferramentorum copia, quae esset ad hunc usum 3
idonea, gladiis caespites circumcidere, manibus sagulis-
que terram exhaurire cogebantur. qua quidem ex re 4
hominum multitudo cognosci potuit: nam minus horis
tribus milium passuum XV in circuitu munitionem per-
fecerunt, reliquisque diebus turres ad altitudinem valli, 5
falces testudinesque, quas iidem captivi docuerant, parare
ac facere coeperunt.

XLIII. Septimo oppugnationis die maximo coorto 1
vento ferventes fusili ex argilla glandes fundis et fervefacta iacula in casas, quae more Gallico stramentis erant
tectae, iacere coeperunt. hae celeriter ignem compre- 2
henderunt et venti magnitudine in omnem locum castro-

3 alterum ad Gaium Fabium legatum mittit, ut in Atrebatum fines legionem adducat, qua sibi iter faciendum sit.

4 scribit Labieno, si reipublicae commodo facere posset,
cum legione ad fines Nerviorum veniat. reliquam partem exercitus, quod paulo aberat longius, non putat exspectandam; equites circiter quadringentos ex proximis
hibernis colligit.

1 XLVII. Hora circiter tertia ab antecursoribus de
Crassi adventu certior factus eo die milia passuum XX
2 procedit. Crassum Samarobrivae praeficit legionemque
ei attribuit, quod ibi impedimenta exercitus, obsides civitatum, litteras publicas frumentumque omne, quod eo
3 tolerandae hiemis causa devexerat, relinquebat. Fabius,
ut imperatum erat, non ita multum moratus in itinere
4 cum legione occurrit. Labienus, interitu Sabini et caede
cohortium cognita, cum omnes ad eum Treverorum copiae venissent, veritus, ne, si ex hibernis fugae similem
profectionem fecisset, hostium impetum sustinere non
posset, praesertim quos recenti victoria efferri sciret,
5 litteras Caesari remittit, quanto cum periculo legionem
ex hibernis educturus esset, rem gestam in Eburonibus
perscribit, docet omnes peditatus equitatusque copias
Treverorum tria milia passuum longe ab suis castris consedisse.

1 XLVIII. Caesar consilio eius probato, etsi opinione
trium legionum deiectus ad duas redierat, tamen unum
2 communis salutis auxilium in celeritate ponebat. venit
magnis itineribus in Nerviorum fines. ibi ex captivis
cognoscit, quae apud Ciceronem gerantur quantoque in
3 periculo res sit. tum cuidam ex equitibus Gallis magnis
praemiis persuadet, uti ad Ciceronem epistulam deferat.
4 hanc Graecis conscriptam litteris mittit, ne intercepta epi-
5 stula nostra ab hostibus consilia cognoscantur. si adire
non possit, monet, ut tragulam cum epistula ad amen-

tum deligata intra munitionem castrorum abiciat. in lit- 6
teris scribit, se cum legionibus profectum celeriter affore;
hortatur, ut pristinam virtutem retineat.   Gallus pericu- 7
lum veritus, ut erat praeceptum, tragulam mittit.   haec 8
casu ad turrim adhaesit neque ab nostris biduo animadversa tertio die a quodam milite conspicitur, dempta ad
Ciceronem defertur. ille perlectam in conventu militum 9
recitat maximaque omnes laetitia afficit. tum fumi in- 10
cendiorum procul videbantur, quae res omnem dubitatio-
nem adventus legionum expulit.

XLIX. Galli re cognita per exploratores obsidio- 1
nem relinquunt, ad Caesarem omnibus copiis contendunt.
haec erant armata circiter milia LX. Cicero data facul- 2
tate Gallum ab eodem Verticone, quem supra demonstravimus, repetit, qui litteras ad Caesarem deferat; hunc
admonet, iter caute diligenterque faciat; perscribit in 3
litteris, hostes ab se discessisse omnemque ad eum multitudinem convertisse. quibus litteris circiter media nocte 4
Caesar allatis suos facit certiores eosque ad dimicandum
animo confirmat. postero die luce prima movet castra 5
et circiter milia passuum quattuor progressus trans vallem et rivum multitudinem hostium conspicatur. erat 6
magni periculi res, tantulis copiis iniquo loco dimicare;
tum, quoniam obsidione liberatum Ciceronem sciebat,
aequo animo remittendum de celeritate existimabat. con- 7
sedit et, quam aequissimo loco potest, castra communit
atque haec, etsi erant exigua per se, vix hominum milium septem, praesertim nullis cum impedimentis, tamen
angustiis viarum, quam maxime potest, contrahit eo consilio, ut in summam contemptionem hostibus veniat. in- 8
terim speculatoribus in omnes partes dimissis explorat,
quo commodissime itinere valles transiri possit.

L. Eo die parvulis equestribus proeliis ad aquam 1
factis utrique sese suo loco continent, Galli, quod am- 2

pliores copias, quae nondum convenerant, exspectabant,
3 Caesar, si forte timoris simulatione hostes in suum locum elicere posset, ut citra vallem pro castris proelio centenderet; si id efficere non posset, ut exploratis itineribus minore cum periculo vallem rivumque transiret.
4 prima luce hostium equitatus ad castra accedit proelium-
5 que cum nostris equitibus committit. Caesar consulto equites cedere seque in castra recipere iubet; simul ex omnibus partibus castra altiore vallo muniri portasque obstrui atque in his administrandis rebus quam maxime concursari et cum simulatione agi timoris iubet.

1   LI. Quibus omnibus rebus hostes invitati copias
2 traducunt aciemque iniquo loco constituunt, nostris vero etiam de vallo deductis propius accedunt et tela intra
3 munitionem ex omnibus partibus coniciunt praeconibus-que circummissis pronuntiari iubent, seu quis Gallus seu Romanus velit ante horam tertiam ad se transire, sine
4 periculo licere; post id tempus non fore potestatem; ac sic nostros contempserunt, ut, obstructis in speciem portis singulis ordinibus caespitum, quod ea non posse introrumpere videbantur, alii vallum manu scindere, alii fos-
5 sas complere inciperent. tum Caesar omnibus portis eruptione facta equitatuque emisso celeriter hostes in fugam dat, sic uti omnino pugnandi causa resisteret nemo, magnumque ex eis numerum occidit atque omnes armis exuit.

1   LII. Longius prosequi veritus, quod silvae paludesque intercedebant neque etiam parvulo detrimento illorum locum relinqui videbat, omnibus suis incolumibus
2 copiis eodem die ad Ciceronem pervenit. institutas turres, testudines munitionesque hostium admiratur; legione producta cognoscit, non decimum quemque esse reliquum
3 militem sine vulnere: ex his omnibus iudicat rebus, quanto cum periculo et quanta cum virtute res sint

administratae. Ciceronem pró eius merito legionemque 4
collaudat; centuriones singillatim tribunosque militum
appellat, quorum egregiam fuisse virtutem testimonio
Ciceronis cognoverat. de casu Sabini et Cottae certius
ex captivis cognoscit. postero die contione habita rem 5
gestam proponit, milites consolatur et confirmat: quod 6
detrimentum culpa et temeritate legati sit acceptum, hoc
aequiore animo ferendum docet, quod beneficio deorum
immortalium et virtute eorum expiato incommodo neque
hostibus diutina laetatio neque ipsis longior dolor relin-
quatur.

LIII. Interim ad Labienum per Remos incredibili 1
celeritate de victoria Caesaris fama perfertur, ut, cum
ab hibernis Ciceronis milia passuum abesset circiter LX,
eoque post horam nonam diei Caesar pervenisset, ante
mediam noctem ad portas castrorum clamor oreretur,
quo clamore significatio victoriae gratulatioque ab Remis
Labieno fieret. hac fama ad Treveros perlata Indutio- 2
marus, qui postero die castra Labieni oppugnare decreverat, noctu profugit copiasque omnes in Treveros reducit.
Caesar Fabium cum sua legione remittit in hiberna, ipse 3
cum tribus legionibus circum Samarobrivam trinis hibernis hiemare constituit et, quod tanti motus Galliae ex-
stiterant, totam hiemem ipse ad exercitum manere decre-
vit. nam illo incommodo de Sabini morte perlato omnes 4
fere Galliae civitates de bello consultabant, nuntios lega-
tionesque in omnes partes dimittebant et, quid reliqui
consilii caperent atque unde initium belli fieret, explora-
bant nocturnaque in locis desertis concilia habebant.
neque ullum fere totius hiemis tempus sine sollicitudine 5
Caesaris intercessit, quin aliquem de consiliis ac motu
Gallorum nuntium acciperet. in his ab Lucio Roscio, 6
quem legioni tertiaedecimae praefecerat, certior factus
est magnas Gallorum copias earum civitatum, quae Are-

moricae appellantur, oppugnandi sui causa convenisse
7 neque longius milia passuum octo ab hibernis suis
afuisse, sed nuntio allato de victoria Caesaris discessisse,
adeo ut fugae similis discessus videretur.

1 LIV. At Caesar principibus cuiusque civitatis ad
se evocatis alias territando, cum se scire, quae fierent,
denuntiaret, alias cohortando magnam partem Galliae in
2 officio tenuit. tamen Senones, quae est civitas inprimis
firma et magnae inter Gallos auctoritatis, Cavarinum,
quem Caesar apud eos regem constituerat, cuius frater
Moritasgus adventu in Galliam Caesaris cuiusque maiores
regnum obtinuerant, interficere publico consilio conati,
cum ille praesensisset ac profugisset, usque ad fines in-
3 secuti regno domoque expulerunt et, missis ad Caesarem
satisfaciendi causa legatis, cum is omnem ad se senatum
4 venire iussisset, dicto audientes non fuerunt. tantum
apud homines barbaros valuit, esse aliquos repertos principes inferendi belli, tantamque omnibus voluntatum
commutationem attulit, ut praeter Aeduos et Remos, quos
praecipuo semper honore Caesar habuit, alteros pro vetere
ac perpetua erga populum Romanum fide, alteros pro
recentibus Gallici belli officiis, nulla fere civitas fuerit
5 non suspecta nobis. idque adeo haud scio mirandumne
sit, cum compluribus aliis de causis, tum maxime, quod
ei, qui virtute belli omnibus gentibus praeferebantur,
tantum se eius opinionis deperdidisse, ut a populo Romano imperia perferrent, gravissime dolebant.

1 LV. Treveri vero atque Indutiomarus totius hiemis nullum tempus intermiserunt, quin trans Rhenum
legatos mitterent, civitates sollicitarent, pecunias pollice-
rentur, magna parte exercitus nostri interfecta multo
2 minorem superesse dicerent partem. neque tamen ulli
civitati Germanorum persuaderi potuit, ut Rhenum transiret, cum se bis expertos dicerent, Ariovisti bello et

Tencterorum transitu; non esse amplius fortunam tempt-
taturos. hac spe lapsus Indutiomarus nihilo minus copias 3
cogere, exercere, a finitimis equos parare, exsules dam-
natosque tota Gallia magnis praemiis ad se allicere coepit. ac tantam sibi iam his rebus in Gallia auctoritatem 4
comparaverat, ut undique ad eum legationes concur-
rerent, gratiam atque amicitiam publice privatimque
peterent.

LVI. Ubi intellexit ultro ad se veniri, altera ex 1
parte Senones Carnutesque conscientia facinoris instigari,
altera Nervios Aduatucosque bellum Romanis parare,
neque sibi voluntariorum copias defore, si ex finibus
suis progredi coepisset, armatum concilium indicit. hoc 2
more Gallorum est initium belli: quo lege communi omnes puberes armati convenire consuerunt; qui ex iis
novissimus convenit, in conspectu multitudinis omnibus
cruciatibus affectus necatur. in eo concilio Cingetorigem, 3
alterius principem factionis, generum suum, quem supra
demonstravimus Caesaris secutum fidem ab eo non discessisse, hostem iudicat bonaque eius publicat. his rebus 4
confectis in concilio pronuntiat arcessitum se a Senonibus et Carnutibus aliisque compluribus Galliae civitatibus; huc iturum per fines Remorum eorumque agros 5
populaturum ac, priusquam id faciat, castra Labieni
oppugnaturum. quae fieri velit, praecipit.

LVII. Labienus, cum et loci natura et manu muni- 1
tissimis castris sese teneret, de suo ac legionis periculo
nihil timebat; ne quam occasionem rei bene gerendae
dimitteret, cogitabat. itaque a Cingetorige atque eius 2
propinquis oratione Indutiomari cognita, quam in concilio habuerat, nuntios mittit ad finitimas civitates equitesque undique evocat; his certam diem conveniendi dicit.
interim prope cotidie cum omni equitatu Indutiomarus sub 3
castris eius vagabatur, alias ut situm castrorum cognosce-

ret, alias colloquendi aut territandi causa; equites ple-
4 rumque omnes tela intra vallum coniciebant. Labienus
suos intra munitionem continebat timorisque opinionem,
quibuscumque poterat rebus, augebat.

1 LVIII. Cum maiore in dies contemptione Indutiomarus ad castra accederet, nocte una intromissis equitibus omnium finitimarum civitatum, quos arcessendos
curaverat, tanta diligentia omnes suos custodiis intra
castra continuit, ut nulla ratione ea res enuntiari aut
2 ad Treveros perferri posset. interim ex consuetudine
cotidiana Indutiomarus ad castra accedit atque ibi magnam partem diei consumit; equites tela coniciunt et
magna cum contumelia verborum nostros ad pugnam
3 evocant. nullo ab nostris dato responso, ubi visum est,
4 sub vesperum dispersi ac dissipati discedunt. subito
Labienus duabus portis omnem equitatum emittit; praecipit atque interdicit, proterritis hostibus atque in fugam
coniectis — quod fore, sicut accidit, videbat — unum
omnes peterent Indutiomarum, neu quis quem prius vul-
neret, quam illum interfectum viderit, quod mora reli-
5 quorum spatium nactum illum effugere nolebat; magna
proponit iis, qui occiderint, praemia; submittit cohortes
6 equitibus subsidio. comprobat hominis consilium fortuna,
et cum unum omnes peterent, in ipso fluminis vado
deprehensus Indutiomarus interficitur caputque eius refertur in castra; redeuntes equites, quos possunt, consec-
7 tantur atque occidunt. hac re cognita omnes Eburonum
et Nerviorum, quae convenerant, copiae discedunt, pau-
loque habuit post id factum Caesar quietiorem Galliam.

C. IULII CAESARIS
DE BELLO GALLICO
COMMENTARIUS SEXTUS.

I. Multis de causis Caesar maiorem Galliac motum 1 exspectans per Marcum Silanum, Gaium Antistium Reginum, Titum Sextium legatos delectum habere instituit; simul ab Gnaeo Pompeio proconsule petit, quoniam ipse 2 ad urbem cum imperio reipublicae causa remaneret, quos ex Cisalpina Gallia consul sacramento rogavisset, ad signa convenire et ad se proficisci iuberet, magni 3 interesse etiam in reliquum tempus ad opinionem Galliae existimans, tantas videri Italiae facultates, ut, si quid esset in bello detrimenti acceptum, non modo id brevi tempore sarciri, sed etiam maioribus augeri copiis posset. quod cum Pompeius et reipublicae et amicitiae 4 tribuisset, celeriter confecto per suos delectu tribus ante exactam hiemem et constitutis et adductis legionibus duplicatoque earum cohortium numero, quas cum Q. Titurio amiserat, et celeritate et copiis docuit, quid populi Romani disciplina atque opes possent.

II. Interfecto Indutiomaro, ut docuimus, ad eius 1 propinquos a Treveris imperium defertur. illi finitimos Germanos sollicitare et pecuniam polliceri non desistunt. cum ab proximis impetrare non possent, ulteriores temp- 2 tant. inventis nonnullis civitatibus iureiurando inter se confirmant obsidibusque de pecunia cavent; Ambiorigem sibi societate et foedere adiungunt. quibus rebus cogni- 3 tis Caesar, cum undique bellum parari videret, Nervios, Aduatucos, Menapios adiunctis Cisrhenanis omnibus Germanis esse in armis, Senones ad imperatum non venire et cum Carnutibus finitimisque civitatibus consilia com-

8*

municare, a Treveris Germanos crebris legationibus sollicitari, maturius sibi de bello cogitandum putavit.

1   III Itaque nondum hieme confecta proximis quattuor coactis legionibus de improviso in fines Nerviorum contendit et, priusquam illi aut convenire aut profugere
2 possent, magno pecoris atque hominum numero capto atque ea praeda militibus concessa vastatisque agris in
3 deditionem venire atque obsides sibi dare coegit. eo celeriter confecto negotio rursus in hiberna legiones re-
4 duxit. concilio Galliae primo vere, ut instituerat, indicto, cum reliqui praeter Senones, Carnutes Treverosque venissent, initium belli ac defectionis hoc esse arbitratus, ut omnia postponere videretur, concilium Lutetiam Parisio-
5 rum transfert. confines erant hi Senonibus civitatemque patrum memoria coniunxerant, sed ab hoc consilio afuisse
6 existimabantur. hac re pro suggestu pronuntiata eodem die cum legionibus in Senones proficiscitur magnisque itineribus eo pervenit.

1   IV. Cognito eius adventu Acco, qui princeps eius consilii fuerat, iubet in oppida multitudinem convenire. conantibus, priusquam id effici posset, adesse Romanos
2 nuntiatur. necessario sententia desistunt legatosque deprecandi causa ad Caesarem mittunt; adeunt per Aeduos,
3 quorum antiquitus erat in fide civitas. libenter Caesar petentibus Aeduis dat veniam excusationemque accipit, quod aestivum tempus instantis belli, non quaestionis
4 esse arbitrabatur. obsidibus imperatis centum, hos Aeduis
5 custodiendos tradit. eodem Carnutes legatos obsidesque mittunt, usi deprecatoribus Remis, quorum erant in clien-
6 tela; eadem ferunt responsa. peragit concilium Caesar equitesque imperat civitatibus.

1   V. Hac parte Galliae pacata totus et mente et animo in bellum Treverorum et Ambiorigis insistit.
2 Cavarinum cum equitatu Senonum secum proficisci iubet,

ne quis aut ex huius iracundia aut ex eo, quod meru-
erat, odio civitatis motus exsistat. his rebus constitutis, 3
quod pro explorato habebat Ambiorigem proelio non
esse contenturum, reliqua eius consilia animo circum-
spiciebat. erant Menapii propinqui Eburonum finibus, 4
perpetuis paludibus silvisque muniti, qui uni ex Gallia
de pace ad Caesarem legatos numquam miserant. cum
his esse hospitium Ambiorigi sciebat; item per Treveros
venisse Germanis in amicitiam cognoverat. haec prius 5
illi detrahenda auxilia existimabat, quam ipsum bello
lacesseret, ne desperata salute aut se in Menapios abde-
ret aut cum Transrhenanis congredi cogeretur. hoc inito 6
consilio totius exercitus impedimenta ad Labienum in
Treveros mittit duasque legiones ad eum proficisci iubet;
ipse cum legionibus expeditis quinque in Menapios proficiscitur. illi nulla coacta manu loci praesidio freti in 7
silvas paludesque confugiunt suaque eodem conferunt.

VI. Caesar partitis copiis cum Gaio Fabio legato 1
et Marco Crasso quaestore celeriterque effectis pontibus
adit tripertito, aedificia vicosque incendit, magno pecoris
atque hominum numero potitur. quibus rebus coacti 2
Menapii legatos ad eum pacis petendae causa mittunt.
ille obsidibus acceptis hostium se habiturum numero con- 3
firmat, si aut Ambiorigem aut eius legatos finibus suis
recepissent. his confirmatis rebus Commium Atrebatem 4
cum equitatu custodis loco in Menapiis relinquit, ipse in
Treveros proficiscitur.

VII. Dum haec a Caesare geruntur, Treveri ma- 1
gnis coactis peditatus equitatusque copiis Labienum cum
una legione, quae in eorum finibus hiemaverat, adoriri
parabant, iamque ab eo non longius bidui via aberant, 2
cum duas venisse legiones missu Caesaris cognoscunt.
positis castris a milibus passuum XV auxilia Germano- 3
rum exspectare constituunt. Labienus hostium cognito 4

consilio, sperans temeritate eorum fore aliquam dimicandi
facultatem, praesidio quinque cohortium impedimentis
relicto cum viginti quinque cohortibus magnoque equitatu contra hostem proficiscitur et mille passuum inter-
5 misso spatio castra communit. erat inter Labienum
atque hostem difficili transitu flumen ripisque praeruptis.
hoc neque ipse transire habebat in animo neque hostes
6 transituros existimabat. augebatur auxiliorum cotidie
spes. loquitur palam, quoniam Germani appropinquare
dicantur, sese suas exercitusque fortunas in dubium non
devocaturum et postero die prima luce castra moturum.
7 celeriter haec ad hostes deferuntur, ut ex magno Gallorum equitum numero nonnullos Gallicis rebus favere
8 natura cogebat. Labienus noctu tribunis militum primisque ordinibus convocatis, quid sui sit consilii, proponit
et, quo facilius hostibus timoris det suspicionem, maiore
strepitu et tumultu, quam populi Romani fert consuetudo,
castra moveri iubet. his rebus fugae similem profectio-
9 nem effecit. haec quoque per exploratores ante lucem
in tanta propinquitate castrorum ad hostes deferuntur.
1 VIII. Vix agmen novissimum extra munitiones
processerat, cum Galli cohortati inter se, ne speratam
praedam ex manibus dimitterent — longum esse perterritis Romanis Germanorum auxilium exspectare, neque suam pati dignitatem, ut tantis copiis tam exiguam
manum, praesertim fugientem atque impeditam adoriri
non audeant — flumen transire et iniquo loco com-
2 mittere proelium non dubitant. quae fore suspicatus
Labienus, ut omnes citra flumen eliceret, eadem usus
3 simulatione itineris placide progrediebatur. tum praemissis paulum impedimentis atque in tumulo quodam
collocatis: *habetis*, inquit, *milites, quam petistis, facul-*
4 *tatem; hostem impedito atque iniquo loco tenetis: prae-*
state eandem nobis ducibus virtutem, quam saepenumero

imperatori praestitistis, atque illum adesse et haec co-
ram cernere existimate. simul signa ad hostem converti 5
aciemque dirigi iubet et paucis turmis praesidio ad impedimenta dimissis reliquos equites ad latera disponit.
celeriter nostri clamore sublato pila in hostes immittunt. 6
illi, ubi praeter spem, quos fugere credebant, infestis
signis ad se ire viderunt, impetum modo ferre non potuerunt ac primo concursu in fugam coniecti proximas
silvas petierunt. quos Labienus equitatu consectatus 7
magno numero interfecto, compluribus captis paucis post
diebus civitatem recepit. nam Germani, qui auxilio veniebant, percepta Treverorum fuga sese domum receperunt. cum his propinqui Indutiomari, qui defectionis 8
auctores fuerant, comitati eos ex civitate excesserunt.
Cingetorigi, quem ab initio permansisse in officio de- 9
monstravimus, principatus atque imperium est traditum.

IX. Caesar, postquam ex Menapiis in Treveros 1
venit, duabus de causis Rhenum transire constituit; qua- 2
rum una erat, quod Germani auxilia contra se Treveris
miserant, altera, ne ad eos Ambiorix receptum haberet.
his constitutis rebus paulum supra eum locum, quo ante 3
exercitum traduxerat, facere pontem instituit. nota at- 4
que instituta ratione magno militum studio paucis diebus opus efficitur. firmo in Treveris ad pontem prae- 5
sidio relicto, ne quis ab his subito motus oreretur,
reliquas copias equitatumque traducit. Ubii, qui ante 6
obsides dederant atque in deditionem venerant, purgandi
sui causa ad eum legatos mittunt, qui doceant neque auxilia ex sua civitate in Treveros missa neque ab se fidem lae-
sam; petunt atque orant, ut sibi parcat, ne communi odio 7
Germanorum innocentes pro nocentibus poenas pendant;
si amplius obsidum vellet, dare pollicentur. cognita Caesar 8
causa reperit, ab Suebis auxilia missa esse; Ubiorum
satisfactionem accipit, aditus viasque in Suebos perquirit.

1 X. Interim paucis post diebus fit ab Ubiis certior Suebos omnes in unum locum copias cogere atque iis nationibus, quae sub eorum sint imperio, denuntiare, 2 ut auxilia peditatus equitatusque mittant. his cognitis rebus rem frumentariam providet, castris idoneum locum deligit; Ubiis imperat, ut pecora deducant suaque omnia ex agris in oppida conferant, sperans barbaros atque imperitos homines inopia cibariorum adductos ad iniquam 3 pugnandi condicionem posse deduci; mandat, ut crebros exploratores in Suebos mittant, quaeque apud eos ge- 4 rantur, cognoscant. illi imperata faciunt et paucis diebus intermissis referunt: Suebos omnes, posteaquam certiores nuntii de exercitu Romanorum venerint, cum omnibus suis sociorumque copiis, quas coegissent, penitus ad extremos 5 fines se recepisse; silvam esse ibi infinita magnitudine, quae appellatur Bacenis; hanc longe introrsus pertinere et pro nativo muro obiectam Cheruscos ab Suebis Suebosque ab Cheruscis prohibere; ad eius initium silvae Suebos adventum Romanorum exspectare constituisse.

1 XI. Quoniam ad hunc locum perventum est, non alienum esse videtur de Galliae Germaniaeque moribus 2 et, quo differant hae nationes inter sese, proponere. in Gallia non solum in omnibus civitatibus atque in omnibus pagis partibusque, sed paene etiam in singulis domibus factiones sunt, earumque factionum principes sunt, 3 qui summam auctoritatem eorum iudicio habere existimantur, quorum ad arbitrium iudiciumque summa omnium 4 rerum consiliorumque redeat; idque eius rei causa antiquitus institutum videtur, ne quis ex plebe contra potentiorem auxilii egeret: suos enim quisque opprimi et circumveniri non patitur, neque, aliter si faciat, ullam 5 inter suos habet auctoritatem. haec eadem ratio est in summa totius Galliae: namque omnes civitates in partes divisae sunt duas

XII. Cum Caesar in Galliam venit, alterius fac- 1
tionis principes erant Aedui, alterius Sequani. hi cum 2
per se minus valerent, quod summa auctoritas antiquitus
erat in Aeduis magnaeque eorum erant clientelae, Germanos atque Ariovistum sibi adiunxerant eosque ad se
magnis iacturis pollicitationibusque perduxerant. proeliis 3
vero compluribus factis secundis atque omni nobilitate
Aeduorum interfecta tantum potentia antecesserant, ut 4
magnam partem clientium ab Aeduis ad se traducerent
obsidesque ab iis principum filios acciperent et publice
iurare cogerent, nihil se contra Sequanos consilii initu-
ros, et partem finitimi agri per vim occupatam posside-
rent Galliaeque totius principatum obtinerent. qua ne- 5
cessitate adductus Divitiacus auxilii petendi causa Romam
ad senatum profectus imperfecta re redierat. adventu 6
Caesaris facta commutatione rerum, obsidibus Aeduis
redditis, veteribus clientelis restitutis, novis per Caesarem comparatis, quod hi, qui se ad eorum amicitiam
aggregaverant, meliore condicione atque aequiore imperio
se uti videbant, reliquis rebus eorum gratia dignitateque
amplificata, Sequani principatum dimiserant. in eorum 7
locum Remi successerant; quos quod adaequare apud
Caesarem gratia intellegebatur, ii, qui propter veteres
inimicitias nullo modo cum Aeduis coniungi poterant, se
Remis in clientelam dicabant. hos illi diligenter tueban- 8
tur: ita et novam et repente collectam auctoritatem
tenebant. eo tum statu res erat, ut longe principes 9
haberentur Aedui, secundum locum dignitatis Remi obtinerent.

XIII. In omni Gallia eorum hominum, qui aliquo 1
sunt numero atque honore, genera sunt duo: nam plebes
paene servorum habetur loco, quae nihil audet per se,
nullo adhibetur consilio. plerique, cum aut aere alieno 2
aut magnitudine tributorum aut iniuria potentiorum pre-

muntur, sese in servitutem dicant nobilibus, quibus in
hos eadem omnia sunt iura, quae dominis in servos.

3 sed de his duobus generibus alterum est druidum, alte-
4 rum equitum. illi rebus divinis intersunt, sacrificia publica ac privata procurant, religiones interpretantur: ad
eos magnus adulescentium numerus disciplinae causa
5 concurrit, magnoque hi sunt apud eos honore. nam fere
de omnibus controversiis publicis privatisque constituunt,
et si quod est admissum facinus, si caedes facta, si de
hereditate, de finibus controversia est, iidem decernunt,
6 praemia poenasque constituunt; si qui aut privatus aut
populus eorum decreto non stetit, sacrificiis interdicunt.
7 haec poena apud eos est gravissima. quibus ita est
interdictum, hi numero impiorum ac sceleratorum habentur, his omnes decedunt, aditum sermonemque defugiunt,
ne quid ex contagione incommodi accipiant, neque his
petentibus ius redditur neque honos ullus communicatur.
8 his autem omnibus druidibus praeest unus, qui summam
9 inter eos habet auctoritatem. hoc mortuo aut, si qui
ex reliquis excellit dignitate, succedit, aut, si sunt plures pares, suffragio druidum, nonnumquam etiam armis
10 de principatu contendunt. hi certo anni tempore in
finibus Carnutum, quae regio totius Galliae media habetur, considunt in loco consecrato. huc omnes undique,
qui controversias habent, conveniunt eorumque decretis
11 iudiciisque parent. disciplina in Britannia reperta atque
inde in Galliam translata esse existimatur, et nunc, qui
diligentius eam rem cognoscere volunt, plerumque illo
discendi causa proficiscuntur.

1 XIV. Druides a bello abesse consuerunt neque
tributa una cum reliquis pendunt: militiae vacationem
2 omniumque rerum habent immunitatem. tantis excitati
praemiis et sua sponte multi in disciplinam conveniunt
3 et a parentibus propinquisque mittuntur. magnum ibi

numerum versuum ediscere dicuntur. itaque annos nonnulli vicenos in disciplina permanent. neque fas esse existimant ea litteris mandare, cum in reliquis fere rebus, publicis privatisque rationibus, Graecis litteris utantur. id mihi duabus de causis instituisse videntur, quod 4 neque in vulgum disciplinam efferri velint neque eos, qui discunt, litteris confisos minus memoriae studere; quod fere plerisque accidit, ut praesidio litterarum diligentiam in perdiscendo ac memoriam remittant. inpri- 5 mis hoc volunt persuadere, non interire animas, sed ab aliis post mortem transire ad alios, atque hoc maxime ad virtutem excitari putant, metu mortis neglecto. multa 6 praeterea de sideribus atque eorum motu, de mundi ac terrarum magnitudine, de rerum natura, de deorum immortalium vi ac potestate disputant et iuventuti tradunt.

XV. Alterum genus est equitum. hi, cum est 1 usus atque aliquod bellum incidit — quod fere ante Caesaris adventum quotannis accidere solebat, uti aut ipsi iniurias inferrent aut illatas propulsarent — omnes in bello versantur, atque eorum ut quisque est genere 2 copiisque amplissimus, ita plurimos circum se ambactos clientesque habet. hanc unam gratiam potentiamque noverunt.

XVI. Natio est omnis Gallorum admodum dedita 1 religionibus atque ob eam causam, qui sunt affecti gra- 2 vioribus morbis quique in proeliis periculisque versantur, aut pro victimis homines immolant aut se immolaturos vovent administrisque ad ea sacrificia druidibus utuntur, quod, pro vita hominis nisi hominis vita reddatur, non 3 posse deorum immortalium numen placari arbitrantur, publiceque eiusdem generis habent instituta sacrificia. alii immani magnitudine simulacra habent, quorum con- 4 texta viminibus membra vivis hominibus complent; quibus succensis circumventi flamma exanimantur homines.

num vero vicesimum feminae notitiam habuisse in tur-
pissimis habent rebus; cuius rei nulla est occultatio,
quod et promiscue in fluminibus perluuntur et pellibus
aut parvis renonum tegimentis utuntur, magna corporis
parte nuda.

1   XXII. Agriculturae non student, maiorque pars
2 eorum victus in lacte, caseo, carne consistit. neque quisquam agri modum certum aut fines habet proprios, sed
magistratus ac principes in annos singulos gentibus
cognationibusque hominum, qui tum una coierunt, quantum et quo loco visum est agri, attribuunt atque anno
3 post alio transire cogunt. eius rei multas afferunt causas: ne assidua consuetudine capti studium belli gerendi
agricultura commutent; ne latos fines parare studeant
potentioresque humiliores possessionibus expellant; ne ac-
curatius ad frigora atque aestus vitandos aedificent; ne qua
oriatur pecuniae cupiditas, qua ex re factiones dissensio-
4 nesque nascuntur; ut animi aequitate plebem contineant,
cum suas quisque opes cum potentissimis aequari videat.

1   XXIII. Civitatibus maxima laus est quam latis-
2 sime circum se vastatis finibus solitudines habere. hoc
proprium virtutis existimant, expulsos agris finitimos
3 cedere neque quemquam prope audere consistere; simul
hoc se fore tutiores arbitrantur, repentinae incursionis
4 timore sublato. cum bellum civitas aut illatum defendit
aut infert, magistratus, qui ei bello praesint, ut vitae
5 necisque habeant potestatem, deliguntur. in pace nullus
est communis magistratus, sed principes regionum atque
pagorum inter suos ius dicunt controversiasque minuunt.
6 latrocinia nullam habent infamiam, quae extra fines
cuiusque civitatis fiunt, atque ea iuventutis exercendae
7 ac desidiae minuendae causa fieri praedicant. atque
ubi quis ex principibus in concilio dixit se ducem fore,
qui sequi velint, profiteantur, consurgunt ii, qui et causam

et hominem probant, suumque auxilium pollicentur atque
ab multitudine collaudantur; qui ex his secuti non sunt, in 8
desertorum ac proditorum numero ducuntur, omniumque
his rerum postea fides derogatur.   hospitem violare fas 9
non putant; qui quacumque de causa ad eos venerunt,
ab iniuria prohibent, sanctos habent, hisque omnium do-
mus patent victusque communicatur.

XXIV. Ac fuit antea tempus, cum Germanos Galli 1
virtute superarent, ultro bella inferrent, propter hominum
multitudinem agrique inopiam trans Rhenum colonias
mitterent. itaque ea, quae fertilissima Germaniae sunt, 2
loca circum Hercyniam silvam — quam Eratostheni et
quibusdam Graecis fama notam esse video, quam illi
Orcyniam appellant — Volcae Tectosages occupaverunt
atque ibi consederunt; quae gens ad hoc tempus his sedi- 3
bus sese continet summamque habet iustitiae et bellicae
laudis opinionem. nunc quod in eadem inopia, egestate 4
patientiaque Germani permanent, eodem victu et cultu
corporis utuntur, Gallis autem provinciarum propinqui- 5
tas et transmarinarum rerum notitia multa ad copiam
atque usus largitur, paulatim assuefacti superari multis- 6
que victi proeliis ne se quidem ipsi cum illis virtute
comparant.

XXV. Huius Hercyniae silvae, quae supra de- 1
monstrata est, latitudo novem dierum iter expedito patet;
non enim aliter finiri potest, neque mensuras itinerum
noverunt. oritur ab Helvetiorum et Nemetum et Rauri- 2
corum finibus rectaque fluminis Danuvii regione pertinet
ad fines Dacorum et Anartium; hinc se flectit sinistror- 3
sus diversis ab flumine regionibus multarumque gentium
fines propter magnitudinem attingit; neque quisquam 4
est huius Germaniae, qui se aut adisse ad initium eius
silvae dicat, cum dierum iter LX processerit, aut, quo ex
loco oriatur, acceperit; multaque in ea genera ferarum 5

cornibus differt. haec studiose conquisita ab labris ar- 6
gento circumcludunt atque in amplissimis epulis pro po-
culis utuntur.

XXIX. Caesar, postquam per Ubios exploratores 1
comperit Suebos omnes sese in silvas recepisse, inopiam
frumenti veritus, quod, ut supra demonstravimua, minime
Germani agriculturae student, constituit non progredi
longius; sed ne omnino metum reditus sui barbaris tol- 2
leret atque ut eorum auxilia tardaret, reducto exercitu
partem ultimam pontis, quae ripas Ubiorum contingebat,
in longitudinem pedum ducentorum rescindit atque in
extremo ponte turrim tabulatorum quattuor constituit
praesidiumque cohortium XII pontis tuendi causa ponit
magnisque eum locum munitionibus firmat. ei loco 3
praesidioque Gaium Volcatium Tullum adulescentem praefecit. ipse, cum maturescere frumenta inciperent, ad 4
bellum Ambiorigis profectus per Arduennam silvam, quae
est totius Galliae maxima atque ab ripis Rheni finibus-
que Treverorum ad Nervios pertinet milibusque amplius
quingentis in longitudinem patet, Lucium Minucium Basilum cum omni equitatu praemittit, si quid celeritate
itineris atque opportunitate temporis proficere posset;
monet, ut ignes in castris fieri prohibeat, ne qua eius 5
adventus procul significatio fiat; sese confestim subsequi dicit.

XXX. Basilus, ut imperatum est, facit. celeriter 1
contraque omnium opinionem confecto itinere multos in
agris inopinantes deprehendit; eorum indicio ad ipsum
Ambiorigem contendit, quo in loco cum paucis equitibus
esse dicebatur. multum cum in omnibus rebus, tum in 2
re militari potest fortuna. nam sicut magno accidit
casu, ut in ipsum incautum etiam atque imparatum in-
cideret, priusque eius adventus ab hominibus videretur,
quam fama ac nuntius afferretur, sic magnae fuit for-

tunae, omni militari instrumento, quod circum se habebat, erepto, redis equisque comprehensis, ipsum effugere
3 mortem. sed hoc quoque factum est, quod aedificio circumdato silva, ut sunt fere domicilia Gallorum, qui vitandi aestus causa plerumque silvarum atque fluminum petunt propinquitates, comites familiaresque eius angusto in loco paulisper equitum nostrorum vim sustinuerunt.
4 his pugnantibus illum in equum quidam ex suis intulit: fugientem silvae texerunt. sic et ad subeundum periculum et ad vitandum multum fortuna valuit.

1 XXXI. Ambiorix copias suas iudicione non conduxerit, quod proelio dimicandum non existimarit, an tempore exclusus et repentino equitum adventu prohibitus, cum reliquum exercitum subsequi crederet, dubium
2 est. sed certe dimissis per agros nuntiis sibi quemque consulere iussit. quorum pars in Arduennam silvam, pars
3 in continentes paludes profugit; qui proximi Oceano fuerunt, hi insulis sese occultaverunt, quas aestus efficere
4 consuerunt; multi ex suis finibus egressi se suaque om-
5 nia alienissimis crediderunt. Catuvolcus, rex dimidiae partis Eburonum, qui una cum Ambiorige consilium inierat, aetate iam confectus cum laborem belli aut fugae ferre non posset, omnibus precibus detestatus Ambiorigem, qui eius consilii auctor fuisset, taxo, cuius magna in Gallia Germaniaque copia est, se exanimavit.

1 XXXII. Segni Condrusique, ex gente et numero Germanorum, qui sunt inter Eburones Treverosque, legatos ad Caesarem miserunt oratum, ne se in hostium numero duceret neve omnium Germanorum, qui essent citra Rhenum, unam esse causam iudicaret: nihil se de
2 bello cogitasse, nulla Ambiorigi auxilia misisse. Caesar explorata re quaestione captivorum, si qui ad eos Eburones ex fuga convenissent, ad se ut reducerentur, imperavit; si ita fecissent, fines eorum se violaturum negavit.

tum copiis in tres partes distributis impedimenta omnium 3
legionum Aduatucam contulit. id castelli nomen est. 4
hoc fere est in mediis Eburonum finibus, ubi Titurius
atque Aurunculeius hiemandi causa consederant. hunc 5
cum reliquis rebus locum probarat, tum quod superioris
anni munitiones integrae manebant, ut militum laborem
sublevaret. praesidio impedimentis legionem quartam-
decimam reliquit, unam ex his tribus, quas proxime con-
scriptas ex Italia traduxerat. ei legioni castrisque Quin- 6
tum Tullium Ciceronem praeficit ducentosque equites ei
attribuit.

XXXIII. Partito exercitu Titum Labienum cum 1
legionibus tribus ad Oceanum versus in eas partes, quae
Menapios attingunt, proficisci iubet, Gaium Trebonium 2
cum pari legionum numero ad eam regionem, quae ad
Aduatucos adiacet, depopulandam mittit; ipse cum reli- 3
quis tribus ad flumen Scaldem, quod influit in Mosam,
extremasque Arduennae partes ire constituit, quo cum
paucis equitibus profectum Ambiorigem audiebat. dis- 4
cedens post diem septimum sese reversurum confirmat,
quam ad diem ei legioni, quae in praesidio relinquebatur, deberi frumentum sciebat. Labienum Treboniumque 5
hortatur, si reipublicae commodo facere possint, ad eam
diem revertantur, ut rursus communicato consilio explo-
ratisque hostium rationibus aliud initium belli capere
possint.

XXXIV. Erat, ut supra demonstravimus, manus 1
certa nulla, non oppidum, non praesidium, quod se armis
defenderet, sed in omnes partes dispersa multitudo. ubi 2
cuique aut valles abdita aut locus silvestris aut palus
impedita spem praesidii aut salutis aliquam offerebat,
consederat. haec loca vicinitatibus erant nota, magnam- 3
que res diligentiam requirebat non in summa exercitus
tuenda — nullum enim poterat universis ab perterritis

9*

ac dispersis periculum accidere — sed in singulis militibus conservandis; quae tamen ex parte res ad salutem
4 exercitus pertinebat. nam et praedae cupiditas multos
longius evocabat, et silvae incertis occultisque itineribus
5 confertos adire prohibebant. si negotium confici stirpem-
que hominum sceleratorum interfici vellet, dimittendae
6 plures manus diducendique erant milites; si continere ad
signa manipulos vellet, ut instituta ratio et consuetudo
exercitus Romani postulabat, locus ipse erat praesidio
barbaris, neque ex occulto insidiandi et dispersos circum-
7 veniendi singulis deerat audacia. ut in eiusmodi difficultatibus, quantum diligentia provideri poterat, provide-
batur, ut potius in nocendo aliquid praetermitteretur,
etsi omnium animi ad ulciscendum ardebant, quam cum
8 aliquo militum detrimento noceretur. dimittit ad finitimas civitates nuntios Caesar, omnes evocat spe praedae
ad diripiendos Eburones, ut potius in silvis Gallorum
vita quam legionarius miles periclitetur, simul ut magna
multitudine circumfusa pro tali facinore stirps ac no-
9 men civitatis tollatur. magnus undique numerus celeriter
convenit.

1 XXXV. Haec in omnibus Eburonum partibus ge-
rebantur, diesque appetebat septimus, quem ad diem
Caesar ad impedimenta legionemque reverti constituerat.
2 hic, quantum in bello fortuna possit et quantos afferat
3 casus, cognosci potuit. dissipatis ac perterritis hostibus,
ut demonstravimus, manus erat nulla, quae parvam modo
4 causam timoris afferret. trans Rhenum ad Germanos
pervenit fama, diripi Eburones atque ultro omnes ad
5 praedam evocari. cogunt equitum duo milia Sugambri,
qui sunt proximi Rheno, a quibus receptos ex fuga
6 Tencteros atque Usipetes supra docuimus. transeunt Rhenum navibus ratibusque triginta milibus passuum infra
eum locum, ubi pons erat perfectus praesidiumque ab

Caesare relictum; primos Eburonum fines adeunt; multos
ex fuga dispersos excipiunt, magno pecoris numero, cuius
sunt cupidissimi barbari, potiuntur. invitati praeda lon- 7
gius procedunt.   non hos paludes in bello latrociniisque
natos, non silvae morantur. quibus in locis sit Caesar,
ex captivis quaerunt; profectum longius reperiunt omnemque exercitum discessisse cognoscunt. atque unus ex 8
captivis: *quid vos*, inquit, *hanc miseram ac tenuem sec-*
tamini praedam, quibus licet iam esse fortunatissimos?
tribus horis Aduatucam venire potestis: huc omnes suas
fortunas exercitus Romanorum contulit; praesidii tan- 9
tum est, ut ne murus quidem cingi possit neque quis-
quam egredi extra munitiones audeat. hac oblata spe 10
Germani, quam nacti erant praedam, in occulto relinquunt; ipsi Aduatucam contendunt usi eodem duce, cuius
haec indicio cognoverant.

　　XXXVI.   Cicero, qui omnes superiores dies prae- 1
ceptis Caesaris cum summa diligentia milites in castris
continuisset ac ne calonem quidem quemquam extra
munitionem egredi passus esset, septimo die diffidens de
numero dierum Caesarem fidem servaturum, quod longius
progressum audiebat neque ulla de reditu eius fama afferebatur, simul eorum permotus vocibus, qui illius patientiam 2
paene obsessionem appellabant, siquidem ex castris egredi
non liceret, nullum eiusmodi casum exspectans, quo, no
vem oppositis legionibus maximoque equitatu dispersis
ac paene deletis hostibus, in milibus passuum tribus
offendi posset, quinque cohortes frumentatum in proximas segetes mittit, quas inter et castra unus omnino
collis intererat. complures erant ex legionibus aegri 3
relicti; ex quibus qui hoc spatio dierum convaluerant,
circiter CCC, sub vexillo una mittuntur; magna praeterea multitudo calonum, magna vis iumentorum, quae
in castris subsederant, facta potestate sequitur.

1 XXXVII. Hoc ipso tempore et casu Germani equites interveniunt protinusque eodem illo, **quo venerant,** cursu ab decumana porta in castra irrumpere conantur,
2 nec prius sunt visi obiectis ab ea parte silvis, quam castris appropinquarent, usque eo ut, qui sub vallo tenderent
3 mercatores, recipiendi sui facultatem non haberent. inopinantes nostri re nova perturbantur, ac vix primum impe
4 tum cohors in statione sustinet. circumfunduntur ex reliquis hostes partibus, si quem aditum reperire possent.
5 aegre portas nostri tuentur; reliquos aditus locus ipse per
6 se munitioque defendit. totis trepidatur castris, **atque alius** ex alio causam tumultus quaerit; neque quo signa ferantur, neque quam in partem quisque conveniat, provident.
7 alius castra iam capta pronuntiat, alius deleto exercitu
8 atque imperatore victores barbaros venisse contendit; plerique novas sibi ex loco religiones fingunt Cottaeque et Titurii calamitatem, qui in eodem occiderint castello, ante
9 oculos ponunt. tali timore omnibus perterritis confirmatur opinio barbaris, ut ex captivo audierant, nullum esse in
10 tus praesidium. perrumpere nituntur seque ipsi adhortantur, ne tantam fortunam ex manibus dimittant.

1 XXXVIII. Erat aeger cum praesidio relictus Publius Sextius Baculus, qui primum pilum ad Caesarem duxerat, cuius mentionem superioribus proeliis fecimus, ac diem
2 iam quintum cibo caruerat. hic diffisus suae atque omnium saluti inermis ex tabernaculo prodit; videt imminere hostes atque in summo esse rem discrimine; capit
3 arma a proximis atque in porta consistit. consequuntur hunc centuriones eius cohortis, quae in statione erat;
4 paulisper una proelium sustinent. relinquit animus Sextium gravibus acceptis vulneribus; aegre per manus trac
5 tus servatur. hoc spatio interposito reliqui sese **confirmant** tantum, ut in munitionibus consistere audeant speciemque defensorum praebeant.

XXXIX. Interim confecta frumentatione milites no- 1
stri clamorem exaudiunt; praecurrunt equites; quanto res
sit in periculo, cognoscunt. hic vero nulla munitio est, 2
quae perterritos recipiat: modo conscripti atque usus militaris imperiti ad tribunum militum centurionesque ora
convertunt; quid ab his praecipiatur, exspectant. nemo 3
est tam fortis, quin rei novitate perturbetur. barbari 4
signa procul conspicati oppugnatione desistunt; redisse
primo legiones credunt, quas longius discessisse ex captivis cognoverant; postea despecta paucitate ex omnibus
partibus impetum faciunt.

XL. Calones in proximum tumulum procurrunt. 1
hinc celeriter deiecti se in signa manipulosque coniciunt;
eo magis timidos perterrent milites. alii, cuneo facto 2
ut celeriter perrumpant, censent, quoniam tam propinqua
sint castra, et si pars aliqua circumventa ceciderit, at
reliquos servari posse confidunt; alii, ut in iugo consi- 3
stant atque eundem omnes ferant casum. hoc veteres 4
non probant milites, quos sub vexillo una profectos do_
cuimus. itaque inter se cohortati duce Gaio Trebonio,
equite Romano, qui eis erat praepositus, per medios hostes perrumpunt incolumesque ad unum omnes in castra
perveniunt. hos subsecuti calones equitesque eodem 5
impetu militum virtute servantur. at ii, qui in iugo con- 6
stiterant, nullo etiam nunc usu rei militaris percepto, neque in eo, quod probaverant, consilio permanere, ut se
loco superiore defenderent, neque eam, quam prodesse
aliis vim celeritatemque viderant, imitari potuerunt, sed
se in castra recipere conati iniquum in locum demise-
runt. centuriones, quorum nonnulli ex inferioribus or- 7
dinibus reliquarum legionum virtutis causa in superiores
erant ordines huius legionis traducti, ne ante partam rei
militaris laudem amitterent, fortissime pugnantes conciderunt. militum pars, horum virtute submotis hostibus, 8

omnes iuniores Italiae coniurarent, delectum tota provin-
2 cia habere instituit. eae res in Galliam Transalpinam
celeriter perferuntur. addunt ipsi et affingunt rumoribus
Galli, quod res poscere videbatur, retineri urbano motu
Caesarem neque in tantis dissensionibus ad exercitum
3 venire posse. hac impulsi occasione, qui iam ante se
populi Romani imperio subiectos dolerent, liberius atque
4 audacius de bello consilia inire incipiunt. indictis inter se principes Galliae conciliis silvestribus ac remotis
locis queruntur de Acconis morte; posse hunc casum ad
5 ipsos recidere demonstrant; miserantur communem Galliae fortunam; omnibus pollicitationibus ac praemiis de-
poscunt, qui belli initium faciant et sui capitis periculo
6 Galliam in libertatem vindicent. inprimis rationem esse
habendam dicunt, priusquam eorum clandestina consilia
7 efferantur, ut Caesar ab exercitu intercludatur. id esse
facile, quod neque legiones audeant absente imperatore
ex hibernis egredi, neque imperator sine praesidio ad
8 legiones pervenire possit. postremo in acie praestare
interfici, quam non veterem belli gloriam libertatemque,
quam a maioribus acceperint, reciperare.

1   II. His rebus agitatis profitentur Carnutes, se nullum periculum communis salutis causa recusare, princi-
2 pesque ex omnibus bellum facturos pollicentur et, quoniam in praesentia obsidibus cavere inter se non possint,
ne res efferatur, ut iureiurando ac fide sanciatur petunt,
collatis militaribus signis, quo more eorum gravissima
caerimonia continetur, ne facto initio belli ab reliquis
3 deserantur. tum collaudatis Carnutibus, dato iureiurando
ab omnibus, qui aderant, tempore eius rei constituto ab
concilio disceditur.

1   III. Ubi ea dies venit, Carnutes Gutruato et Con-
connetodumno ducibus, desperatis hominibus, Cenabum
signo dato concurrunt civesque Romanos, qui negotiandi

10 cii dubitantes cogit. nam maiore commisso delicto igne atque omnibus tormentis necat, leviore de causa auribus desectis aut singulis effossis oculis domum remittit, ut sint reliquis documento et magnitudine poenae perterreant alios.

1   V. His suppliciis celeriter coacto exercitu Lucterium Cadurcum, summae hominem audaciae, cum parte copiarum in Rutenos mittit; ipse in Bituriges proficisci-
2 tur. eius adventu Bituriges ad Aeduos, quorum erant in fide, legatos mittunt subsidium rogatum, quo facilius
3 hostium copias sustinere possint. Aedui de consilio legatorum, quos Caesar ad exercitum reliquerat, copias
4 equitatus peditatusque subsidio Biturigibus mittunt. qui cum ad flumen Ligerim venissent, quod Bituriges ab Aeduis dividit, paucos dies ibi morati neque flumen transire ausi domum revertuntur legatisque nostris renuntiant,
5 se Biturigum perfidiam veritos revertisse, quibus id consilii fuisse cognoverint, ut, si flumen transissent, una
6 ex parte ipsi, altera Arverni se circumsisterent. id eane de causa, quam legatis pronuntiarunt, an perfidia adducti fecerint, quod nihil nobis constat, non videtur pro certo
7 esse ponendum. Bituriges eorum discessu statim cum Arvernis iunguntur.

1   VI. His rebus in Italiam Caesari nuntiatis, cum iam ille urbanas res virtute Cn. Pompeii commodiorem in statum pervenisse intellegeret, in Transalpinam Gal-
2 liam profectus est. eo cum venisset, magna difficultate afficiebatur, qua ratione ad exercitum pervenire posset.
3 nam si legiones in provinciam arcesseret, se absente in itinere proelio dimicaturas intellegebat; si ipse ad exercitum contenderet, ne iis quidem eo tempore, qui quieti viderentur, suam salutem recte committi videbat.

1   VII. Interim Lucterius Cadurcus in Rutenos mis-
2 sus eam civitatem Arvernis conciliat. progressus in Ni

tiobroges et Gabalos ab utrisque obsides accipit et magna coacta manu in provinciam Narbonem versus eruptionem facere contendit. qua re nuntiata Caesar omnibus 3 consiliis antevertendum existimavit, ut Narbonem proficisceretur. eo cum venisset, timentes confirmat, prae- 4 sidia in Rutenis provincialibus, Volcis Arecomicis, Tolosatibus circumque Narbonem, quae loca hostibus erant finitima, constituit, partem copiarum ex provincia sup- 5 plementumque, quod ex Italia adduxerat, in Helvios, qui fines Arvernorum contingunt, convenire iubet.

VIII. His rebus comparatis represso iam Lucterio 1 et remoto, quod intrare intra praesidia periculosum putabat, in Helvios proficiscitur. etsi mons Cevenna, qui 2 Arvernos ab Helviis discludit, durissimo tempore anni altissima nive iter impediebat, tamen discussa nive sex in altitudinem pedum atque ita viis patefactis summo militum sudore ad fines Arvernorum pervenit. quibus 3 oppressis inopinantibus, quod se Cevenna ut muro munitos existimabant, ac ne singulari quidem umquam homini eo tempore anni semitae patuerant, equitibus imperat, ut, quam latissime possint, vagentur et quam maximum hostibus terrorem inferant. celeriter haec fama 4 ac nuntiis ad Vercingetorigem perferuntur; quem perterriti omnes Arverni circumsistunt atque obsecrant, ut suis fortunis consulat neu se ab hostibus diripi patiatur, praesertim cum videat omne ad se bellum translatum. quorum ille precibus permotus castra ex Biturigibus mo- 5 vet in Arvernos versus.

IX. At Caesar biduum in his locis moratus, quod 1 haec de Vercingetorige usu ventura opinione praeceperat, per causam supplementi equitatusque cogendi ab exercitu discedit, Brutum adulescentem his copiis praeficit; hunc 2 monet, ut in omnes partes equites quam latissime pervagentur; daturum se operam, ne longius triduo ab

3 castris absit. his constitutis rebus suis inopinantibus,
4 quam maximis potest itineribus, Viennam pervenit. ibi
nactus recentem equitatum, quem multis ante diebus eo
praemiserat, neque diurno neque nocturno itinere intermisso per fines Aeduorum in Lingones contendit, ubi
duae legiones hiemabant, ut, si quid etiam de sua salute ab Aeduis iniretur consilii, celeritate praecurreret.
5 eo cum pervenisset, ad reliquas legiones mittit priusque
omnes in unum locum cogit, quam de eius adventu Ar-
6 vernis nuntiari posset. hac re cognita Vercingetorix
rursus in Bituriges exercitum reducit atque inde profectus Gorgobinam, Boiorum oppidum, quos ibi Helvetico
proelio victos Caesar collocaverat Aeduisque attribuerat,
oppugnare instituit.

1 X. Magnam haec res Caesari difficultatem ad consilium capiendum afferebat, si reliquam partem hiemis
uno loco legiones contineret, ne stipendiariis Aeduorum
expugnatis cuncta Gallia deficeret, quod nullum amicis
in eo praesidium videretur positum esse; si maturius ex
hibernis educeret, ne ab re frumentaria duris subvectio-
2 nibus laboraret. praestare visum est tamen omnes difficultates perpeti, quam tanta contumelia accepta omnium
3 suorum voluntates alienare. itaque cohortatus Aeduos
de supportando commeatu praemittit ad Boios, qui de
suo adventu doceant hortenturque, ut in fide maneant
4 atque hostium impetum magno animo sustineant. duabus
Agedinci legionibus atque impedimentis totius exercitus
relictis ad Boios proficiscitur.

1 XI. Altero die cum ad oppidum Senonum Vellau-
nodunum venisset, ne quem post se hostem relinqueret,
quo expeditiore re frumentaria uteretur, oppugnare in-
2 stituit idque biduo circumvallavit; tertio die missis ex
oppido legatis de deditione arma conferri, iumenta pro-
3 duci, sexcentos obsides dari iubet. ea qui conficeret,

C. Trebonium legatum relinquit, ipse ut quam primum iter faceret, Cenabum Carnutum proficiscitur; qui tum primum 4 allato nuntio de oppugnatione Vellaunoduni, cum longius eam rem ductum iri existimarent, praesidium Cenabi tuendi causa, quod eo mitterent, comparabant. huc bi- 5 duo pervenit. castris ante oppidum positis, diei tempore exclusus in posterum oppugnationem differt, quaeque ad eam rem usui sint, militibus imperat et, quod oppi- 6 dum Cenabum pons fluminis Ligeris contingebat, veritus, ne noctu ex oppido profugerent, duas legiones in armis excubare iubet. Cenabenses paulo ante mediam noctem 7 silentio ex oppido egressi flumen transire coeperunt. qua 8 re per exploratores nuntiata Caesar legiones, quas ex-peditas esse iusserat, portis incensis intromittit atque oppido potitur perpaucis ex hostium numero desideratis, quin cuncti caperentur, quod pontis atque itinerum an-gustiae multitudinis fugam intercluserant. oppidum di- 9 ripit atque incendit, praedam militibus donat, exercitum Ligerem traducit atque in Biturigum fines pervenit.

XII. Vercingetorix, ubi de Caesaris adventu co- 1 gnovit, oppugnatione destitit atque obviam Caesari pro-ficiscitur. ille oppidum Biturigum positum in via Novio- 2 dunum oppugnare instituerat. quo ex oppido cum legati 3 ad eum venissent oratum, ut sibi ignosceret suaeque vitae consuleret, ut celeritate reliquas res conficeret, qua pleraque erat consecutus, arma conferri, equos produci, obsides dari iubet. parte iam obsidum tradita, cum re- 4 liqua administrarentur, centurionibus et paucis militibus intromissis, qui arma iumentaque conquirerent, equitatus hostium procul visus est, qui agmen Vercingetorigis antecesserat. quem simulatque oppidani conspexerunt 5 atque in spem auxilii venerunt, clamore sublato arma capere, portas claudere, murum complere coeperunt. cen- 6 turiones in oppido, cum ex significatione Gallorum novi

incendi oportere, quae non munitione et loci natura ab
omni sint periculo tuta, neu suis sint ad detrectandam
militiam receptacula neu Romanis proposita ad copiam
commeatus praedamque tollendam. haec si gravia aut 10
acerba videantur, multo illa gravius aestimare, liberos,
coniuges in servitutem abstrahi, ipsos interfici; quae
sit necesse accidere victis.

XV. Omnium consensu hac sententia probata uno 1
die amplius XX urbes Biturigum incenduntur. hoc idem
fit in reliquis civitatibus. in omnibus partibus incendia 2
conspiciuntur; quae etsi magno cum dolore omnes ferebant, tamen hoc sibi solatii proponebant, quod se prope
explorata victoria celeriter amissa reciperaturos confidebant. deliberatur de Avarico in communi concilio, in- 3
cendi placeret an defendi. procumbunt omnibus Gallis 4
ad pedes Bituriges, ne pulcherrimam prope totius Galliae urbem, quae praesidio et ornamento sit civitati, suis
manibus succendere cogerentur; facile se loci natura de- 5
fensuros dicunt, quod prope ex omnibus partibus flumine
et palude circumdata unum habeat et perangustum aditum. datur petentibus venia dissuadente primo Vercin- 6
getorige, post concedente et precibus ipsorum et misericordia vulgi. defensores oppido idonei deliguntur.

XVI. Vercingetorix minoribus Caesarem itineribus 1
subsequitur et locum castris deligit paludibus silvisque
munitum ab Avarico longe milia passuum XVI. ibi per 2
certos exploratores in singula diei tempora, quae ad
Avaricum agerentur, cognoscebat et, quid fieri vellet,
imperabat. omnes nostras pabulationes frumentationes- 3
que observabat dispersosque, cum longius necessario
procederent, adoriebatur magnoque incommodo afficie-
bat, etsi, quantum ratione provideri poterat, ab nostris
occurrebatur, ut incertis temporibus diversisque itineribus iretur.

1 XVII. Castris ad eam partem oppidi positis Caesar, quae intermissa a flumine et a paludibus aditum, ut supra diximus, angustum habebat, aggerem apparare, vineas agere, turres duas constituere coepit; nam circumvallare loci natura prohibebat. 2 de re frumentaria Boios atque Aeduos adhortari non destitit; quorum alteri, quod nullo studio agebant, non multum adiuvabant, alteri non magnis facultatibus, quod civitas erat exigua et infirma, 3 celeriter, quod habuerunt, consumpserunt. summa difficultate rei frumentariae affecto exercitu tenuitate Boiorum, indiligentia Aeduorum, incendiis aedificiorum, usque eo, ut complures dies frumento milites caruerint et pecore ex longinquioribus vicis adacto extremam famem sustentarent, nulla tamen vox est ab iis audita populi 4 Romani maiestate et superioribus victoriis indigna. quin etiam Caesar cum in opere singulas legiones appellaret et, si acerbius inopiam ferrent, se dimissurum oppugnationem diceret, universi ab eo, ne id faceret, petebant: 5 sic se complures annos illo imperante meruisse, ut nullam ignominiam acciperent, nusquam infecta re discede6 rent; hoc se ignominiae laturos loco, si inceptam oppu7 gnationem reliquissent; praestare omnes perferre acerbitates, quam non civibus Romanis, qui Cenabi perfidia 8 Gallorum interissent, parentarent. haec eadem centurionibus tribunisque militum mandabant, ut per eos ad Caesarem deferrentur.

1 XVIII. Cum iam muro turres appropinquassent, ex captivis Caesar cognovit, Vercingetorigem consumpto pabulo castra movisse propius Avaricum atque ipsum cum equitatu expeditisque, qui inter equites proeliari consuessent, insidiarum causa eo profectum, quo nostros 2 postero die pabulatum venturos arbitraretur. quibus rebus cognitis media nocte silentio profectus ad hostium 3 castra mane pervenit. illi celeriter per exploratores ad-

ventu Caesaris cognito carros impedimentaque sua in
artiores silvas abdiderunt, copias omnes in loco edito
atque aperto instruxerunt. qua re nuntiata Caesar cele- 4
riter sarcinas conferri, arma expediri iussit.

XIX. Collis erat leniter ab infimo acclivis. hunc 1
ex omnibus fere partibus palus difficilis atque impedita
cingebat non latior pedibus quinquaginta. hoc se colle 2
interruptis pontibus Galli fiducia loci continebant genera-
timque distributi in civitates omnia vada ac transitus
eius paludis obtinebant, sic animo parati, ut, si eam
paludem Romani perrumpere conarentur, haesitantes pre- 3
merent ex loco superiore, ut, qui propinquitatem loci
videret, paratos prope aequo Marte ad dimicandum existimaret, qui iniquitatem condicionis perspiceret, inani
simulatione sese ostentare cognosceret. indignantes mi- 4
lites Caesar, quod conspectum suum hostes perferre possent tantulo spatio interiecto, et signum proelii exposcen-
tes edocet, quanto detrimento et quot virorum fortium
morte necesse sit constare victoriam; quos cum sic animo 5
paratos videat, ut nullum pro sua laude periculum recusent, summae se iniquitatis condemnari debere, nisi eorum
vitam sua salute habeat cariorem. sic milites consolatus 6
eodem die reducit in castra reliquaque, quae ad oppugnationem pertinebant oppidi, administrare instituit.

XX. Vercingetorix, cum ad suos redisset, prodi- 1
tionis insimulatus, quod castra propius Romanos movisset, quod cum omni equitatu discessisset, quod sine
imperio tantas copias reliquisset, quod eius discessu Romani tanta opportunitate et celeritate venissent; non 2
haec omnia fortuito aut sine consilio accidere potuisse;
regnum illum Galliae malle Caesaris concessu quam ipsorum habere beneficio: tali modo accusatus ad haec respondit: quod castra movisset, factum inopia pabuli etiam 3
ipsis hortantibus; quod propius Romanos accessisset, per-

10*

nec de eius fide dubitandum, nec maiore ratione bellum
administrari posse. statuunt, ut X milia hominum de- 2
lecta ex omnibus copiis in oppidum mittantur, nec solis 3
Biturigibus communem salutem committendam censent,
quod penes eos, si id oppidum retinuissent, summam
victoriae constare intellegebant.

XXII. Singulari militum nostrorum virtuti consilia 1
cuiusque modi Gallorum occurrebant, ut est summae genus sollertiae atque ad omnia imitanda et efficienda,
quae ab quoque traduntur, aptissimum. nam et laqueis 2
falces avertebant, quas cum destinaverant, tormentis introrsus reducebant, et aggerem cuniculis subtrahebant,
eo scientius, quod apud eos magnae sunt ferrariae atque
omne genus cuniculorum notum atque usitatum est. to- 3
tum autem murum ex omni parte turribus contabulave-
rant atque has coriis intexerant. tum crebris diurnis 4
nocturnisque eruptionibus aut aggeri ignem inferebant
aut milites occupatos in opere adoriebantur et nostrarum
turrium altitudinem, quantum has cotidianus agger ex- 5
presserat, commissis suarum turrium malis adaequabant
et apertos cuniculos praeusta et praeacuta materia et
pice fervefacta et maximi ponderis saxis morabantur
moenibusque appropinquare prohibebant.

XXIII. Muri autem omnes Gallici hac fere forma 1
sunt. trabes directae perpetuae in longitudinem paribus intervallis, distantes inter se binos pedes, in solo
collocantur. hae revinciuntur introrsus et multo aggere 2
vestiuntur, ea autem, quae diximus, intervalla grandibus
in fronte saxis effarciuntur. his collocatis et coagmen- 3
tatis alius insuper ordo additur, ut idem illud intervallum
servetur neque inter se contingant trabes, sed paribus inter-
missae spatiis singulae singulis saxis interiectis arte con-
tineantur. sic deinceps omne opus contexitur, dum iusta 4
muri altitudo expleatur. hoc cum in speciem varietatem- 5

que opus deforme non est alternis trabibus ac saxis,
quae rectis lineis suos ordines servant, tum ad utilitatem
et defensionem urbium summam habet opportunitatem,
quod et ab incendio lapis et ab ariete materia defendit,
quae perpetuis trabibus pedes quadragenos plerumque
introrsus revincta neque perrumpi neque distrahi potest.

1   XXIV. His tot rebus impedita oppugnatione milites, cum toto tempore frigore et assiduis imbribus tar-
darentur, tamen continenti labore omnia haec superave-
runt et diebus XXV aggerem latum pedes CCCXXX,
2 altum pedes LXXX exstruxerunt. cum is murum hostium paene contingeret et Caesar ad opus consuetudine
excubaret militesque hortaretur, ne quod omnino tempus
ab opere intermitteretur, paulo ante tertiam vigiliam est
3 animadversum, fumare aggerem, quem cuniculo hostes
succenderant, eodemque tempore toto muro clamore sublato duabus portis ab utroque latere turrium eruptio fiebat.
4 alii faces atque aridam materiem de muro in aggerem
eminus iaciebant, picem reliquasque res, quibus ignis
excitari potest, fundebant, ut, quo primum occurreretur
aut cui rei ferretur auxilium, vix ratio iniri posset.
5 tamen, quod instituto Caesaris semper duae legiones pro
castris excubabant pluresque partitis temporibus erant
in opere, celeriter factum est, ut alii eruptionibus resisterent, alii turres reducerent aggeremque interscinderent, omnis vero ex castris multitudo ad restinguendum
concurreret.

1   XXV. Cum in omnibus locis consumpta iam reliqua parte noctis pugnaretur semperque hostibus spes
victoriae redintegraretur, eo magis, quod deustos pluteos
turrium videbant nec facile adire apertos ad auxiliandum
animadvertebant, semperque ipsi recentes defessis succederent omnemque Galliae salutem in illo vestigio temporis positam arbitrarentur, accidit inspectantibus nobis,

quod dignum memoria visum praetereundum non existi-
mavimus. quidam ante portam oppidi Gallus per manus 2
sevi ac picis traditas glebas in ignem e regione turris
proiciebat; scorpione ab latere dextro traiectus exanima-
tusque concidit. hunc ex proximis unus iacentem trans- 3
gressus eodem illo munere fungebatur; eadem ratione
ictu scorpionis exanimato alteri successit tertius et tertio
quartus, nec prius ille est a propugnatoribus vacuus re- 4
lictus locus, quam restincto aggere atque omni ex parte
submotis hostibus finis est pugnandi factus.

XXVI. Omnia experti Galli, quod res nulla suc- 1
cesserat, postero die consilium ceperunt ex oppido profugere, hortante et iubente Vercingetorige. id silentio 2
noctis conati non magna iactura suorum sese effecturos
sperabant, propterea quod neque longe ab oppido castra
Vercingetorigis aberant, et palus, quae perpetua intercedebat, Romanos ad insequendum tardabat. iamque 3
hoc facere noctu apparabant, cum matresfamiliae repente
in publicum procurrerunt flentesque proiectae ad pedes
suorum omnibus precibus petierunt, ne se et communes
liberos hostibus ad supplicium dederent, quos ad capien-
dam fugam naturae et virium infirmitas impediret. ubi 4
eos in sententia perstare viderunt, quod plerumque in
summo periculo timor misericordiam non recipit, concla-
mare et significare de fuga Romanis coeperunt. quo ti- 5
more perterriti Galli, ne ab equitatu Romanorum viae
praeoccuparentur, consilio destiterunt.

XXVII. Postero die Caesar promota turri directis- 1
que operibus, quae facere instituerat, magno coorto imbre
non inutilem hanc ad capiendum consilium tempestatem
arbitratus est, quod paulo incautius custodias in muro
dispositas videbat, suosque languidius in opere versari
iussit et, quid fieri vellet, ostendit. legionibusque inter 2
castra vineasque in occulto expeditis cohortatus, ut ali-

quando pro tantis laboribus fructum victoriae perciperent,
iis, qui primi murum ascendissent, praemia proposuit
3 militibusque signum dedit. illi subito ex omnibus partibus evolaverunt murumque celeriter compleverunt.

1 XXVIII. Hostes re nova perterriti, muro turribusque deiecti in foro ac locis patentioribus cuneatim constiterunt, hoc animo, ut, si qua ex parte obviam venire-
2 tur, acie instructa depugnarent. ubi neminem in aequum
locum sese demittere, sed toto undique muro circumfundi viderunt, veriti, ne omnino spes fugae tolleretur,
abiectis armis ultimas oppidi partes continenti impetu
3 petiverunt, parsque ibi, cum angusto exitu portarum se
ipsi premerent, a militibus, pars iam egressa portis ab
equitibus est interfecta. nec fuit quisquam, qui praedae
4 studeret. sic et Cenabi caede et labore operis incitati
non aetate confectis, non mulieribus, non infantibus pe-
5 percerunt. denique ex omni numero, qui fuit circiter
milium XL, vix DCCC, qui primo clamore audito se ex
oppido eiecerant, incolumes ad Vercingetorigem pervene-
6 runt. quos ille multa iam nocte silentio ex fuga ex-
cepit veritus, ne qua in castris ex eorum concursu et
misericordia vulgi seditio oreretur, ut procul in via dispositis familiaribus suis principibusque civitatum dispa-
randos deducendosque ad suos curaret, quae cuique civitati pars castrorum ab initio obvenerat.

1 XXIX. Postero die concilio convocato consolatus
cohortatusque est, ne se admodum animo demitterent,
2 ne perturbarentur incommodo. non virtute neque in acie
vicisse Romanos, sed artificio quodam et scientia oppu-
3 gnationis, cuius rei fuerint ipsi imperiti. errare, si qui
in bello omnes secundos rerum proventus exspectent.
4 sibi numquam placuisse Avaricum defendi, cuius rei
testes ipsos haberet, sed factum imprudentia Biturigum
et nimia obsequentia reliquorum, uti hoc incommodum

acciperetur. id tamen se celeriter maioribus commodis 5
sanaturum. nam quae ab reliquis Gallis civitates dissen- 6
tirent, has sua diligentia adiuncturum atque unum consilium totius Galliae effecturum, cuius consensui ne orbis
quidem terrarum possit obsistere; idque se prope iam
effectum habere. interea aequum esse ab iis communis 7
salutis causa impetrari, ut castra munire instituerent, quo
facilius repentinos hostium impetus sustinerent.

XXX. Fuit haec oratio non ingrata Gallis, et ma- 1
xime, quod ipse animo non defecerat tanto accepto incommodo neque se in occultum abdiderat et conspectum
multitudinis fugerat; plusque animo providere et prae- 2
sentire existimabatur, quod re integra primo incenden-
dum Avaricum, post deserendum censuerat. itaque ut 3
reliquorum imperatorum res adversae auctoritatem minuunt, sic huius ex contrario dignitas incommodo accepto
in dies augebatur. simul in spem veniebant eius affir- 4
matione de reliquis adiungendis civitatibus; primumque
eo tempore Galli castra munire instituerunt, et sic sunt
animo confirmati homines insueti laboris, ut omnia, quae
imperarentur, sibi patienda existimarent.

XXXI. Nec minus, quam est pollicitus, Vercinge- 1
torix animo laborabat, ut reliquas civitates adiungeret,
atque eas donis pollicitationibusque alliciebat. huic rei 2
idoneos homines deligebat, quorum quisque aut oratione
subdola aut amicitia facillime capere posset. qui Ava- 3
rico expugnato refugerant, armandos vestiendosque curat;
simul, ut deminutae copiae redintegrarentur, imperat 4
certum numerum militum civitatibus, quem et quam ante
diem in castra adduci velit, sagittariosque omnes, quorum erat permagnus numerus in Gallia, conquiri et ad
se mitti iubet. his rebus celeriter id, quod Avarici de-
perierat, expletur. interim Teutomatus, Olloviconis filius, 5
rex Nitiobrogum, cuius pater ab senatu nostro amicus

senatumque omnem et quos inter controversia esset ad
se Decetiam evocavit. cum prope omnis civitas eo con- 3
venisset docereturque, paucis clam convocatis alio loco,
alio tempore, atque oportuerit, fratrem a fratre renun-
tiatum, cum leges duo ex una familia vivo utroque non
solum magistratus creari vetarent, sed etiam in senatu
esse prohiberent, Cotum imperium deponere coëgit,
Convictolitavem, qui per sacerdotes more civitatis intermissis magistratibus esset creatus, potestatem obtinere iussit.

XXXIV. Hoc decreto interposito cohortatus Aeduos, 1
ut controversiarum ac dissensionis obliviscerentur atque
omnibus omissis rebus huic bello servirent eaque, quae
meruissent, praemia ab se devicta Gallia exspectarent
equitatumque omnem et peditum milia decem sibi celeriter mitterent, quae in praesidiis rei frumentariae causa
disponeret, exercitum in duas partes divisit: quattuor 2
legiones in Senones Parisiosque Labieno ducendas dedit,
sex ipse in Arvernos ad oppidum Gergoviam secundum
flumen Elaver duxit; equitatus partem illi attribuit, partem sibi reliquit. qua re cognita Vercingetorix omnibus 3
interruptis eius fluminis pontibus ab altera fluminis parte
iter facere coepit.

XXXV. Cum uterque utrique esset exercitus in 1
conspectu fereque e regione castris castra poneret, dispositis exploratoribus, necubi effecto ponte Romani copias
traducerent, erat in magnis Caesaris difficultatibus res, 2
ne maiorem aestatis partem flumine impediretur, quod
non fere ante autumnum Elaver vado transiri solet. itaque, 3
ne id accideret, silvestri loco castris positis e regione
unius eorum pontium, quos Vercingetorix rescindendos
curaverat, postero die cum duabus legionibus in occulto
restitit; reliquas copias cum omnibus impedimentis, ut 4
consueverat, misit ita laxatis cohortibus, uti numerus

5 legionum constare videretur. his, quam longissime possent, progredi iussis, cum iam ex diei tempore coniecturam caperet, in castra perventum, iisdem sublicis, quarum pars inferior integra remanebat, pontem reficere coepit.
6 celeriter effecto opere legionibusque traductis et loco ca-
7 stris idoneo delecto reliquas copias revocavit. Vercingetorix re cognita, ne contra suam voluntatem dimicare cogeretur, magnis itineribus antecessit.

1   XXXVI. Caesar ex eo loco quintis castris Gergoviam pervenit equestrique eo die proelio levi facto, perspecto urbis situ, quae posita in altissimo monte omnes aditus difficiles habebat, de expugnatione desperavit, de obsessione non prius agendum constituit, quam rem
2 frumentariam expedisset. at Vercingetorix castris prope oppidum positis mediocribus circum se intervallis separatim singularum civitatum copias collocaverat, atque omnibus eius iugi collibus occupatis, qua despici poterat,
3 horribilem speciem praebebat principesque earum civitatum, quos sibi ad consilium capiendum delegerat, prima luce cotidie ad se convenire iubebat, seu quid
4 communicandum, seu quid administrandum videretur, neque ullum fere diem intermittebat, quin equestri proelio interiectis sagittariis, quid in quoque esset animi ac
5 virtutis suorum, periclitaretur. erat e regione oppidi collis sub ipsis radicibus montis egregie munitus atque ex omni parte circumcisus; quem si tenerent nostri, et aquae magna parte et pabulatione libera prohibituri ho-
6 stes videbantur. sed is locus praesidio ab his, non ni-
7 mis firmo tamen tenebatur. silentio noctis Caesar ex castris egressus, priusquam subsidio ex oppido veniri posset, deiecto praesidio potitus loco, duas ibi legiones collocavit fossamque duplicem duodenum pedum a maioribus castris ad minora perduxit, ut tuto ab repentino hostium incursu etiam singuli commeare possent.

XXXVII. Dum haec ad Gergoviam geruntur, Con-1
victolitavis Aeduus, cui magistratum adiudicatum a Caesare demonstravimus, sollicitatus ab Arvernis pecunia
cum quibusdam adulescentibus colloquitur, quorum erat
princeps Litaviccus atque eius fratres, amplissima familia
nati adulescentes. cum his praemium communicat hor-2
taturque, ut se liberos et imperio natos meminerint.
unam esse Aeduorum civitatem, quae certissimam Galliae 3
victoriam detineat: eius auctoritate reliquas contineri;
qua traducta locum consistendi Romanis in Gallia non
fore. esse nonnullo se Caesaris beneficio affectum, sic 4
tamen, ut iustissimam apud eum causam obtinuerit; sed
plus communi libertati tribuere. cur enim potius Aedui 5
de suo iure et de legibus ad Caesarem disceptatorem,
quam Romani ad Acduos veniant? celeriter adulescen-6
tibus et oratione magistratus et praemio deductis, cum
se vel principes eius consilii fore profiterentur, ratio per-
ficiendi quaerebatur, quod civitatem temere ad suscipien-
dum bellum adduci posse non confidebant. placuit, ut 7
Litaviccus decem illis milibus, quae Caesari ad bellum
mitterentur, praeficeretur atque ea ducenda curaret, fra-
tresque eius ad Caesarem praecurrerent. reliqua qua
ratione agi placeat, constituunt.

XXXVIII. Litaviccus accepto exercitu, cum milia 1
passuum circiter XXX ab Gergovia abesset, convocatis
subito militibus lacrimans: *quo proficiscimur, inquit, milites? omnis noster equitatus, omnis nobilitas interiit;* 2
principes civitatis, Eporedorix et Viridomarus, insimulati
proditionis, ab Romanis indicta causa interfecti sunt.
haec ab ipsis cognoscite, qui ex ipsa caede fugerunt; 3
nam ego fratribus atque omnibus meis propinquis inter-
fectis dolore prohibeor, quae gesta sunt, pronuntiare.
producuntur hi, quos ille edocuerat, quae dici vellet, 4
atque eadem, quae Litaviccus pronuntiaverat, multitudini

5 exponunt: equites Aeduorum interfectos, quod collocuti
cum Arvernis dicerentur; ipsos se inter multitudinem
6 militum occultasse atque ex media caede fugisse. conclamant Aedui et Litaviccum obsecrant, ut sibi consulat.
7 *quasi vero*, inquit ille, *consilii sit res, ac non necesse
sit nobis Gergoviam contendere et cum Arvernis nosmet*
8 *coniungere. an dubitamus, quin nefario facinore admisso Romani iam ad nos interficiendos concurrant?
proinde, si quid in nobis animi est, persequamur eorum
mortem, qui indignissime interierunt, atque hos latro-*
9 *nes interficiamus.* ostendit cives Romanos, qui eius
praesidii fiducia una erant; magnum numerum frumenti
commeatusque diripit, ipsos crudeliter excruciatos inter-
10 ficit. nuntios tota civitate Aeduorum dimittit, eodem
mendacio de caede equitum et principum permovet; hortatur, ut simili ratione, atque ipse fecerit, suas iniurias
persequantur.

1   XXXIX. Eporedorix Aeduus, summo loco natus
adulescens et summae domi potentiae, et una Viridomarus, pari aetate et gratia, sed genere dispari, quem
Caesar ab Divitiaco sibi traditum ex humili loco ad
summam dignitatem perduxerat, in equitum numero con-
2 venerant nominatim ab eo evocati. his erat inter se de
principatu contentio, et in illa magistratuum controversia
alter pro Convictolitavi, alter pro Coto summis opibus
3 pugnaverant. ex his Eporedorix cognito Litavicci consilio media fere nocte rem ad Caesarem defert; orat, ne
patiatur civitatem pravis adulescentium consiliis ab amicitia populi Romani deficere, quod futurum provideat, si
se tot hominum milia cum hostibus coniunxerint, quorum salutem neque propinqui neglegere neque civitas
levi momento aestimare posset.

1   XL. Magna affectus sollicitudine hoc nuntio Caesar, quod semper Aeduorum civitati praecipue indulserat,

nulla interposita dubitatione legiones expeditas quattuor equitatumque omnem ex castris educit. nec fuit spatium 2 tali tempore ad contrahenda castra, quod res posita in celeritate videbatur; Gaium Fabium legatum cum legio- 3 nibus duabus castris praesidio relinquit. fratres Lita- vicci cum comprehendi iussisset, paulo ante reperit ad hostes fugisse. adhortatus milites, ne necessario tempore 4 itineris labore permoveantur, cupidissimis omnibus pro- gressus milia passuum XXV, agmen Aeduorum conspi- catus immisso equitatu iter eorum moratur atque impe- dit interdicitque omnibus, ne quemquam interficiant. Eporedorigem et Viridomarum, quos illi interfectos existi- 5 mabant, inter equites versari suosque appellare iubet. his cognitis et Litavicci fraude perspecta Aedui manus 6 tendere, deditionem significare et proiectis armis mortem deprecari incipiunt. Litaviccus cum suis clientibus, qui- 7 bus more Gallorum nefas est etiam in extrema fortuna deserere patronos, Gergoviam profugit.

XLI. Caesar nuntiis ad civitatem Aeduorum mis- 1 sis, qui suo beneficio conservatos docerent, quos iure belli interficere potuisset, tribusque horis exercitui ad quietem datis castra ad Gergoviam movit. medio fere 2 itinere equites a Fabio missi, quanto res in periculo fuerit, exponunt. summis copiis castra oppugnata de- monstrant, cum crebro integri defessis succederent no- strosque assiduo labore defatigarent, quibus propter ma- gnitudinem castrorum perpetuo esset iisdem in vallo permanendum. multitudine sagittarum atque omnis ge- 3 neris telorum multos vulneratos; ad haec sustinenda ma- gno usui fuisse tormenta. Fabium discessu eorum duabus 4 relictis portis obstruere ceteras pluteosque vallo addere et se in posterum diem similemque casum apparare. his 5 rebus cognitis Caesar summo studio militum ante ortum solis in castra pervenit.

1   XLII. Dum haec ad Gergoviam geruntur, Aedui primis nuntiis ab Litavicco acceptis nullum sibi ad co-
2 gnoscendum spatium relinquunt. impellit alios avaritia, alios iracundia et temeritas, quae maxime illi hominum generi est innata, ut levem auditionem habeant pro re
3 comperta. bona civium Romanorum diripiunt, caedes
4 faciunt, in servitutem abstrahunt. adiuvat rem procli- natam Convictolitavis plebemque ad furorem impellit,
5 ut facinore admisso ad sanitatem reverti pudeat. Mar- cum Aristium tribunum militum iter ad legionem fa- cientem fide data ex oppido Cabillono educunt; idem facere cogunt eos, qui negotiandi causa ibi constite-
6 rant. hos continuo in itinere adorti omnibus impedimen- tis exuunt; repugnantes diem noctemque obsident; mul- tis utrimque interfectis maiorem multitudinem armatorum concitant.

1   XLIII. Interim nuntio allato, omnes eorum mili- tes in potestate Caesaris teneri, concurrunt ad Aristium,
2 nihil publico factum consilio demonstrant; quaestionem de bonis direptis decernunt, Litavicci fratrumque bona publicant, legatos ad Caesarem sui purgandi gratia mit-
3 tunt. haec faciunt reciperandorum suorum causa; sed contaminati facinore et capti compendio ex direptis bo- nis et, quod ea res ad multos pertinebat, timore poenae exterriti consilia clam de bello inire incipiunt civitates-
4 que reliquas legationibus sollicitant. quae tametsi Cae- sar intellegebat, tamen, quam mitissime potest, legatos appellat: nihil se propter inscientiam levitatemque vulgi gravius de civitate iudicare neque de sua in Aeduos
5 benevolentia deminuere. ipse maiorem Galliae motum exspectans, ne ab omnibus civitatibus circumsisteretur, consilia inibat, quemadmodum a Gergovia discederet ac rursus omnem exercitum contraheret, ne profectio nata ab timore defectionis similis fugae videretur.

XLIV. Haec cogitanti accidere visa est facultas 1
rei bene gerendae. nam cum in minora castra operis
perspiciendi causa venisset, animadvertit collem, qui ab
hostibus tenebatur, nudatum hominibus, qui superioribus
diebus vix prae multitudine cerni poterat. miratus quae- 2
rit ex perfugis causam, quorum magnus ad eum cotidie
numerus confluebat. constabat inter omnes, quod iam 3
ipse Caesar per exploratores cognoverat, dorsum esse
eius iugi prope aequum, sed silvestre et angustum, qua
esset aditus ad alteram partem oppidi; vehementer huic 4
illos loco timere, nec iam aliter sentire, uno colle ab
Romanis occupato, si alterum amisissent, quin paene cir-
cumvallati atque omni exitu et pabulatione interclusi
viderentur: ad hunc muniendum omnes a Vercingetorige 5
evocatos.

XLV. Hac re cognita Caesar mittit complures 1
equitum turmas; eis de media nocte imperat, ut paulo
tumultuosius omnibus locis vagentur. prima luce ma- 2
gnum numerum iumentorum ex castris mulorumque produci deque his stramenta detrahi mulionesque cum cas-
sidibus equitum specie ac simulatione collibus circumvehi
iubet. his paucos addit equites, qui latius ostentatio- 3
nis causa vagentur. longo circuitu easdem omnes iubet
petere regiones. haec procul ex oppido videbantur, ut 4
erat a Gergovia despectus in castra, neque tanto spatio,
certi quid esset, explorari poterat. legionem unam eodem 5
iugo mittit et paulum progressam inferiore constituit
loco silvisque occultat. augetur Gallis suspicio atque om- 6
nes illo ad munitionem copiae traducuntur. vacua ca- 7
stra hostium Caesar conspicatus tectis insignibus suorum
occultatisque signis militaribus raros milites, ne ex oppido
animadverterentur, ex maioribus castris in minora traducit legatisque, quos singulis legionibus praefecerat,
quid fieri velit, ostendit; inprimis monet, ut contineant 8

milites, ne studio pugnandi aut spe praedae longius pro-
9 grediantur; quid iniquitas loci habeat incommodi, proponit;
hoc una celeritate posse vitari; occasionis esse rem, non
10 proelii. his rebus expositis signum dat et ab dextra
parte alio ascensu eodem tempore Aeduos mittit.

1   XLVI. Oppidi murus ab planicie atque initio ascen-
sus recta regione, si nullus anfractus intercederet, mille
2 ducentos passus aberat; quicquid huc circuitus ad mol-
liendum clivum accesserat, id spatium itineris augebat.
3 a medio fere colle in longitudinem, ut natura montis
ferebat, ex grandibus saxis sex pedum murum, qui nostrorum impetum tardaret, praeduxerant Galli atque inferiore omni spatio vacuo relicto superiorem partem collis
usque ad murum oppidi densissimis castris compleverant.
4 milites dato signo celeriter ad munitionem perveniunt
5 eamque transgressi trinis castris potiuntur; ac tanta fuit
in castris capiendis celeritas, ut Teutomatus, rex Nitiobrogum, subito in tabernaculo oppressus, ut meridie con-
quieverat, superiore corporis parte nudata, vulnerato equo
vix se ex manibus praedantium militum eriperet.

1   XLVII. Consecutus id, quod animo proposuerat,
Caesar receptui cani iussit legionisque decimae, quacum
2 erat, continuo signa constituit. at reliquarum legionum
milites non exaudito tubae sono, quod satis magna valles intercedebat, tamen ab tribunis militum legatisque,
3 ut erat a Caesare praeceptum, retinebantur; sed elati
spe celeris victoriae et hostium fuga et superiorum tem-
porum secundis proeliis nihil adeo arduum sibi esse existimaverunt, quod non virtute consequi possent, neque
finem prius sequendi fecerunt, quam muro oppidi portis-
4 que appropinquarunt. tum vero ex omnibus urbis partibus orto clamore, qui longius aberant, repentino tumultu
perterriti, cum hostem intra portas esse existimarent,
5 sese ex oppido eiecerunt. matresfamiliae de muro vestem

argentumque iactabant et pectore nudo prominentes passis manibus obtestabantur Romanos, ut sibi parcerent neu, sicut Avarici fecissent, ne a mulieribus quidem atque infantibus abstinerent; nonnullae de muris per *e* manus demissae sese militibus tradebant. L. Fabius, *7* centurio legionis octavae, quem inter suos eo die dixisse constabat, excitari se Avaricensibus praemiis neque commissurum, ut prius quisquam murum ascenderet, tres suos nactus manipulares atque ab iis sublevatus murum ascendit; hos ipse rursus singulos exceptans in murum extulit.

XLVIII. Interim ii, qui ad alteram partem oppidi, *1* ut supra demonstravimus, munitionis causa convenerant, primo exaudito clamore, inde etiam crebris nuntiis incitati, oppidum a Romanis teneri, praemissis equitibus magno cursu eo contenderunt. eorum ut quisque primus *2* venerat, sub muro consistebat suorumque pugnantium numerum augebat. quorum cum magna multitudo con- *3* venisset, matresfamiliae, quae paulo ante Romanis de muro manus tendebant, suos obtestari et more Gallico passum capillum ostentare liberosque in conspectum proferre coeperunt. erat Romanis nec loco nec numero *4* aequa contentio; simul et cursu et spatio pugnae defatigati non facile recentes atque integros sustinebant.

XLIX. Caesar cum iniquo loco pugnari hostium- *1* que augeri copias videret, praemetuens suis ad Titum Sextium legatum, quem minoribus castris praesidio reliquerat, misit, ut cohortes ex castris celeriter educeret et sub infimo colle ab dextro latere hostium constitueret, ut, si nostros loco depulsos vidisset, quo minus libere hostes *2* insequerentur, terreret. ipse paulum ex eo loco cum legione *3* progressus, ubi constiterat, eventum pugnae exspectabat.

L. Cum acerrime comminus pugnaretur, hostes *1* loco et numero, nostri virtute confiderent, subito sunt

ipsi iudicavissent, quo procedendum aut quid agendum
videretur, neque signo recipiendi dato constitissent neque ab tribunis militum legatisque retineri potuissent.
exposuit, quid iniquitas loci posset, quod ipse ad Avari- 2
cum sensisset, cum sine duce et sine equitatu deprehen-
sis hostibus exploratam victoriam dimisisset, ne parvum
modo detrimentum in contentione propter iniquitatem
loci accideret. quanto opere eorum animi magnitudinem 3
admiraretur, quos non castrorum munitiones, non altitudo montis, non murus oppidi tardare potuisset, tanto
opere licentiam arrogantiamque reprehendere, quod plus
se quam imperatorem de victoria atque exitu rerum sentire existimarent; nec minus se ab milite modestiam et 4
continentiam quam virtutem atque animi magnitudinem
desiderare.

LIII. Hac habita contione et ad extremam ora- 1
tionem confirmatis militibus, ne ob hanc causam animo
permoverentur neu, quod iniquitas loci attulisset, id virtuti hostium tribuerent, eadem de profectione cogitans,
quae ante senserat, legiones ex castris eduxit aciemque
idoneo loco constituit. cum Vercingetorix nihilo magis 2
in aequum locum descenderet, levi facto equestri proc-
lio atque secundo in castra exercitum reduxit. cum hoc 3
idem postero die fecisset, satis ad Gallicam ostentatio-
nem minuendam militumque animos confirmandos factum
existimans in Aeduos movit castra. ne tum quidem in- 4
secutis hostibus, tertio die ad flumen Elaver pervenit;
pontem reficit eoque exercitum traducit.

LIV. Ibi a Viridomaro atque Eporedorige Aeduis 1
appellatus discit, cum omni equitatu Litaviccum ad sol-
licitandos Aeduos profectum; opus esse ipsos antecedere
ad confirmandam civitatem. etsi multis iam rebus per- 2
fidiam Aeduorum perspectam habebat atque horum discessu admaturari defectionem civitatis existimabat, ta-

men eos retinendos non constituit, ne aut inferre iniuriam
3 videretur aut dare timoris aliquam suspicionem. discedentibus his breviter sua in Aeduos merita exposuit;
4 quos et quam humiles accepisset, compulsos in oppida,
multatos agris, omnibus ereptis copiis, imposito stipendio,
obsidibus summa cum contumelia extortis, et quam in
fortunam quamque in amplitudinem deduxisset, ut non
solum in pristinum statum redissent, sed omnium tem-
porum dignitatem et gratiam antecessisse viderentur. his
datis mandatis eos ab se dimisit.

1   LV. Noviodunum erat oppidum Aeduorum ad ripas
2 Ligeris opportuno loco positum. huc Caesar omnes obsides Galliae, frumentum, pecuniam publicam, suorum
atque exercitus impedimentorum magnam partem con-
3 tulerat; huc magnum numerum equorum huius belli causa
4 in Italia atque Hispania coëmptum miserat. eo cum
Eporedorix Viridomarusque venissent et de statu civitatis cognovissent, Litaviccum Bibracti ab Aeduis receptum, quod est oppidum apud eos maximae auctoritatis,
Convictolitavim magistratum magnamque partem senatus
ad eum convenisse, legatos ad Vercingetorigem de pace
et amicitia concilianda publice missos, non praetermit-
5 tendum tantum commodum existimaverunt. itaque interfectis Novioduni custodibus, quique eo negotiandi causa
convenerant, pecuniam atque equos inter se partiti sunt;
6 obsides civitatum Bibracte ad magistratum deducendos
7 curaverunt; oppidum, quod a se teneri non posse iudi-
8 cabant, ne cui esset usui Romanis, incenderunt; frumenti
quod subito potuerunt, navibus avexerunt, reliquum flu-
9 mine atque incendio corruperunt. ipsi ex finitimis regionibus copias cogere, praesidia custodiasque ad ripas
Ligeris disponere equitatumque omnibus locis iniciendi
timoris causa ostentare coeperunt, si ab re frumentaria
Romanos excludere et adductos inopia in provinciam

1   LVIII. Labienus primo vineas agere, cratibus atque aggere paludem explere atque iter munire conaba-
2 tur. postquam id difficilius confieri animadvertit, silentio
e castris tertia vigilia egressus eodem quo venerat itinere
3 Metiosedum pervenit. id est oppidum Senonum, in insula Sequanae positum, ut paulo ante de Lutetia dixi-
4 mus. deprensis navibus circiter quinquaginta celeriterque coniunctis atque eo militibus iniectis et rei novitate
perterritis oppidanis, quorum magna pars erat ad bellum
5 evocata, sine contentione oppido potitur. refecto ponte,
quem superioribus diebus hostes resciderant, exercitum
traducit et secundo flumine ad Lutetiam iter facere coe-
6 pit. hostes re cognita ab iis, qui Metiosedo fugerant,
Lutetiam incendi pontesque eius oppidi rescindi iubent;
ipsi profecti a palude ad ripas Sequanae e regione Lu-
tetiae contra Labieni castra considunt.

1   LIX. Iam Caesar a Gergovia discessisse audie-
batur, iam de Aeduorum defectione et secundo Galliae
motu rumores afferebantur, Gallique in colloquiis inter-
clusum itinere et Ligeri Caesarem inopia frumenti coac-
2 tum in provinciam contendisse confirmabant. Bellovaci
autem defectione Aeduorum cognita, qui iam ante erant
per se infideles, manus cogere atque aperte bellum pa-
3 rare coeperunt. tum Labienus tanta rerum commutatione
longe aliud sibi capiendum consilium, atque antea sen-
4 serat, intellegebat, neque iam, ut aliquid acquireret proe-
lioque hostes lacesseret, sed ut incolumem exercitum
5 Agedincum reduceret, cogitabat. namque altera ex parte
Bellovaci, quae civitas in Gallia maximam habet opinionem virtutis, instabant, alteram Camulogenus parato atque instructo exercitu tenebat; tum legiones a praesidio
atque impedimentis interclusas maximum flumen disti-
6 nebat. tantis subito difficultatibus obiectis ab animi virtute auxilium petendum videbat.

LX. Sub vesperum consilio convocato cohortatus, 1
ut ea, quae imperasset, diligenter industrieque administrarent, naves, quas Metiosedo deduxerat, singulas equitibus Romanis attribuit et prima confecta vigilia IV milia passuum secundo flumine silentio progredi ibique se
exspectari iubet. quinque cohortes, quas minime fir- 2
mas ad dimicandum esse existimabat, castris praesidio
relinquit; quinque eiusdem legionis reliquas de media 3
nocte cum omnibus impedimentis adverso flumine magno
tumultu proficisci imperat. conquirit etiam lintres; has 4
magno sonitu remorum incitatas in eandem partem mittit. ipse post paulo silentio egressus cum tribus legionibus eum locum petit, quo naves appelli iusserat.

LXI. Eo cum esset ventum, exploratores hostium, 1
ut omni fluminis parte erant dispositi, inopinantes, quod
magna subito erat coorta tempestas, ab nostris oppri-
muntur; exercitus equitatusque equitibus Romanis admi- 2
nistrantibus, quos ei negotio praefecerat, celeriter trans-
mittitur. uno fere tempore sub lucem hostibus nuntiatur, 3
in castris Romanorum praeter consuetudinem tumultuari
et magnum ire agmen adverso flumine sonitumque remorum in eadem parte exaudiri et paulo infra milites
navibus transportari. quibus rebus auditis, quod existi- 4
mabant, tribus locis transire legiones atque omnes per-
turbatos defectione Aeduorum fugam parare, suas quoque copias in tres partes distribuerunt. nam praesidio 5
e regione castrorum relicto et parva manu Metiosedum
versus missa, quae tantum progrederetur, quantum naves processissent, reliquas copias contra Labienum duxerunt.

LXII. Prima luce et nostri omnes erant trans- 1
portati et hostium acies cernebatur. Labienus milites 2
cohortatus, ut suae pristinae virtutis et secundissimorum
proeliorum retinerent memoriam atque ipsum Caesarem,

cuius ductu saepenumero hostes superassent, praesentem
3 adesse existimarent, dat signum proelii. primo concursu
ab dextro cornu, ubi septima legio constiterat, hostes
4 pelluntur atque in fugam coniciuntur; ab sinistro, quem
locum duodecima legio tenebat, cum primi ordines hostium transfixi telis concidissent, tamen acerrime reliqui
resistebant, nec dabat suspicionem fugae quisquam.
5 ipse dux hostium Camulogenus suis aderat atque eos co-
6 hortabatur. incerto etiam nunc exitu victoriae, cum
septimae legionis tribunis esset nuntiatum, quae in sinistro
cornu gererentur, post tergum hostium legionem osten-
7 derunt signaque intulerunt. ne eo quidem tempore quisquam loco cessit, sed circumventi omnes interfectique
8 sunt. eandem fortunam tulit Camulogenus. at ii, qui
in praesidio contra castra Labieni erant relicti, cum
proelium commissum audissent, subsidio suis ierunt col-
lemque ceperunt, neque nostrorum militum victorum im-
9 petum sustinere potuerunt. sic cum suis fugientibus
permixti, quos non silvae montesque texerunt, ab equi-
10 tatu sunt interfecti. hoc negotio confecto Labienus revertitur Agedincum, ubi impedimenta totius exercitus
relicta erant; inde die tertio cum omnibus copiis ad Caesarem pervenit.

1   LXIII. Defectione Aeduorum cognita bellum auge-
2 tur. legationes in omnes partes circummittuntur; quantum gratia, auctoritate, pecunia valent, ad sollicitandas
3 civitates nituntur; nacti obsides, quos Caesar apud eos
4 deposuerat, horum supplicio dubitantes territant. petunt
a Vercingetorige Aedui, ut ad se veniat rationesque belli
5 gerendi communicet. re impetrata contendunt, ut ipsis
summa imperii tradatur, et re in controversiam deducta
6 totius Galliae concilium Bibracte indicitur. conveniunt
undique frequentes. multitudinis suffragiis res permitti-
tur; ad unum omnes Vercingetorigem probant impera-

gressi pelluntur et Gaio Valerio Donnotauro, Caburi filio,
principe civitatis, compluribusque aliis interfectis intra
3 oppida ac muros compelluntur. Allobroges crebris ad
Rhodanum dispositis praesidiis magna cum cura et dili-
4 gentia suos fines tuentur. Caesar, quod hostes equitatu
superiores esse intellegebat et interclusis omnibus itineribus nulla re ex provincia atque Italia sublevari poterat,
trans Rhenum in Germaniam mittit ad eas civitates,
quas superioribus annis pacaverat, equitesque ab his arcessit et levis armaturae pedites, qui inter eos proeliari
5 consuerant. eorum adventu, quod minus idoneis equis
utebantur, a tribunis militum reliquisque equitibus Romanis atque evocatis equos sumit Germanisque distribuit.

1　　LXVI. Interea dum haec geruntur, hostium copiae ex Arvernis equitesque, qui toti Galliae erant im-
2 perati, conveniunt. magno horum coacto numero, cum
Caesar in Sequanos per extremos Lingonum fines iter
faceret, quo facilius subsidium provinciae ferri posset,
circiter milia passuum decem ab Romanis trinis castris
Vercingetorix consedit convocatisque ad concilium prae-
3 fectis equitum venisse tempus victoriae demonstrat: fu-
4 gere in provinciam Romanos Galliaque excedere. id sibi
ad praesentem obtinendam libertatem satis esse; ad
reliqui temporis pacem atque otium parum profici; maioribus enim coactis copiis reversuros neque finem bellandi
5 facturos. proinde in agmine impeditos adoriantur. si
pedites suis auxilium ferant atque in eo morentur, iter
facere non posse; si, id quod magis futurum confidat,
relictis impedimentis suae saluti consulant, et usu rerum
6 necessariarum et dignitate spoliatum iri. nam de equitibus
hostium, quin nemo eorum progredi modo extra agmen
audeat, ne ipsos quidem debere dubitare. id quo maiore
faciant animo, copias se omnes pro castris habiturum et
7 terrori hostibus futurum. conclamant equites, sanctissimo

iureiurando confirmari oportere, ne tecto recipiatur, ne
ad liberos, ne ad parentes, ad uxorem aditum habeat,
qui non bis per agmen hostium perequitasset.

LXVII. Probata re atque omnibus iureiurando ad- 1
actis, postero die in tres partes distributo equitatu duae
se acies ab duobus lateribus ostendunt, una a primo a-
gmine iter impedire coepit. qua re nuntiata Caesar suum 2
quoque equitatum tripertito divisum contra hostem ire
iubet. pugnatur una omnibus in partibus. consistit agmen; 3
impedimenta inter legiones recipiuntur. si qua in parte 4
nostri laborare aut gravius premi videbantur, eo signa
inferri Caesar aciemque constitui iubebat; quae res et
hostes ad insequendum tardabat et nostros spe auxilii
confirmabat. tandem Germani ab dextro latere summum 5
iugum nacti hostes loco depellunt; fugientes usque ad
flumen, ubi Vercingetorix cum pedestribus copiis consederat, persequuntur compluresque interficiunt. qua re 6
animadversa reliqui, ne circumirentur, veriti se fugae
mandant. omnibus locis fit caedes. tres nobilissimi Aedui 7
capti ad Caesarem perducuntur: Cotus, praefectus equitum, qui controversiam cum Convictolitavi proximis co-
mitiis habuerat, et Cavarillus, qui post defectionem Litavicci pedestribus copiis praefuerat, et Eporedorix, quo
duce ante adventum Caesaris Aedui cum Sequanis bello
contenderant.

LXVIII. Fugato omni equitatu Vercingetorix co- 1
pias, ut pro castris collocaverat, reduxit protinusque Alesiam, quod est oppidum Mandubiorum, iter facere coepit
celeriterque impedimenta ex castris educi et se subsequi
iussit. Caesar impedimentis in proximum collem deduc- 2
tis, duabus legionibus praesidio relictis secutus, quantum
diei tempus est passum, circiter tribus milibus hostium
ex novissimo agmine interfectis altero die ad Alesiam
castra fecit. perspecto urbis situ perterritisque hostibus, 3

quod equitatu, qua maxime parte exercitus confidebant, erant pulsi, adhortatus ad laborem milites circumvallare instituit.

1 LXIX. Ipsum erat oppidum Alesia in colle summo admodum edito loco, ut nisi obsidione expugnari non 2 posse videretur; cuius collis radices duo duabus ex par-3 tibus flumina subluebant. ante id oppidum planicies ι circiter milia passuum III in longitudinem patebat; reliquis ex omnibus partibus colles mediocri interiecto spa-5 tio pari altitudinis fastigio oppidum cingebant. sub muro, quae pars collis ad orientem solem spectabat, hunc omnem locum copiae Gallorum compleverant fossamque et 6 maceriam sex in altitudinem pedum praeduxerant. eius munitionis, quae ab Romanis instituebatur, circuitus XI 7 milia passuum tenebat. castra opportunis locis erant posita ibique castella viginti tria facta, quibus in castellis interdiu stationes ponebantur, ne qua subito eruptio fieret; haec eadem noctu excubitoribus ac firmis praesidiis tenebantur.

1 LXX. Opere instituto fit equestre proelium in ea planicie, quam intermissam collibus tria milia passuum in longitudinem patere supra demonstravimus. summa 2 vi ab utrisque contenditur. laborantibus nostris Caesar Germanos submittit legionesque pro castris constituit, ne 3 qua subito irruptio ab hostium peditatu fiat. praesidio legionum addito nostris animus augetur; hostes in fugam coniecti se ipsi multitudine impediunt atque angustiori-4 bus portis coacervantur. Germani acrius usque ad mu-5 nitiones sequuntur. fit magna caedes; nonnulli relictis equis fossam transire et maceriam transcendere conantur. paulum legiones Caesar, quas pro vallo constituerat, 6 promoveri iubet. non minus, qui intra munitiones erant, perturbantur Galli: veniri ad se confestim existimantes ad arma conclamant; nonnulli perterriti in oppidum

irrumpunt. Vercingetorix iubet portas claudi, ne castra 7
nudentur. multis interfectis, compluribus equis captis
Germani sese recipiunt.

LXXI. Vercingetorix, priusquam munitiones ab 1
Romanis perficiantur, consilium capit, omnem ab se equitatum noctu dimittere. discedentibus mandat, ut suam 2
quisque eorum civitatem adeat omnesque, qui per aetatem arma ferre possint, ad bellum cogant. sua in illos 3
merita proponit obtestaturque, ut suae salutis rationem
habeant, neu se optime de communi libertate meritum
hostibus in cruciatum dedant. quod si indiligentiores
fuerint, milia hominum delecta octoginta una secum in-
teritura demonstrat. ratione inita exigue dierum se ha- 4
bere XXX frumentum, sed paulo etiam longius tolerari
posse parcendo. his datis mandatis, qua nostrum opus erat 5
intermissum, secunda vigilia silentio equitatum mittit. fru- 6
mentum omne ad se referri iubet; capitis poenam iis, qui
non paruerint, constituit: pecus, cuius magna erat copia 7
ab Mandubiis compulsa, viritim distribuit; frumentum parce
et paulatim metiri instituit. copias omnes, quas pro 8
oppido collocaverat, in oppidum recepit. his rationibus 9
auxilia Galliae exspectare et bellum parat administrare.

LXXII. Quibus rebus cognitis ex perfugis et cap- 1
tivis Caesar haec genera munitionis instituit. fossam
pedum viginti directis lateribus duxit, ut eius fossae solum tantundem pateret, quantum summae fossae labra
distarent. reliquas omnes munitiones ab ea fossa pedes 2
quadringentos reduxit, id hoc consilio, quoniam tantum esset necessario spatium complexus nec facile totum
opus corona militum cingeretur, ne de improviso aut
noctu ad munitiones hostium multitudo advolaret, aut interdiu tela in nostros operi destinatos conicere possent.
hoc intermisso spatio duas fossas quindecim pedes latas 3
eadem altitudine perduxit; quarum interiorem campestri-

bus ac demissis locis aqua ex flumine derivata comple-
4 vit. post eas aggerem ac vallum XII pedum exstruxit.
huic loricam pinnasque adiecit grandibus cervis eminen-
tibus ad commissuras pluteorum atque aggeris, qui ascensum hostium tardarent, et turres toto opere circumdedit,
quae pedes LXXX inter se distarent.

1 LXXIII. Erat eodem tempore et materiari et fru-
mentari et tantas munitiones fieri necesse deminutis nostris copiis, quae longius ab castris progrediebantur; ac
nonnumquam opera nostra Galli temptare atque eruptionem ex oppido pluribus portis summa vi facere cona-
2 bantur. quare ad haec rursus opera addendum Caesar
putavit, quo minore numero militum munitiones defendi
possent. itaque truncis arborum aut admodum firmis
ramis abscisis atque horum delibratis ac praeacutis ca-
cuminibus perpetuae fossae quinos pedes altae duceban-
3 tur. huc illi stipites demissi et ab infimo revincti, ne
4 revelli possent, ab ramis eminebant. quini erant ordines
coniuncti inter se atque implicati; quo qui intraverant,
se ipsi acutissimis vallis induebant. hos cippos appella-
5 bant. ante quos obliquis ordinibus in quincuncem dispositis scrobes tres in altitudinem pedes fodiebantur
6 paulatim angustiore ad infimum fastigio. huc teretes
stipites feminis crassitudine ab summo praeacuti et prae-
usti demittebantur ita, ut non amplius digitis quattuor
7 ex terra eminerent; simul confirmandi et stabiliendi
causa singuli ab infimo solo pedes terra exculcabantur;
reliqua pars scrobis ad occultandas insidias viminibus ac
8 virgultis integebatur. huius generis octoni ordines ducti
ternos inter se pedes distabant. id ex similitudine floris
9 lilium appellabant. ante haec taleae pedem longae ferreis hamis infixis totae in terram infodiebantur medio-
cribusque intermissis spatiis omnibus locis disserebantur,
quos stimulos nominabant.

LXXIV. His rebus perfectis regiones secutus 1
quam potuit aequissimas pro loci natura XIV milia
passuum complexus pares eiusdem generis munitiones,
diversas ab his, contra exteriorem hostem perfecit, ut
ne magna quidem multitudine, si ita accidat equitatus discessu, munitionum praesidia circumfundi possent.
ne autem cum periculo ex castris egredi cogatur, die- 2
rum triginta pabulum frumentumque habere omnes con-
vectum iubet.

LXXV. Dum haec apud Alesiam geruntur, Galli 1
concilio principum indicto non omnes hos, qui arma ferre
possent, ut censuit Vercingetorix, convocandos statuunt,
sed certum numerum cuique civitati imperandum, ne
tanta multitudine confusa nec moderari nec discernere
suos nec frumentandi rationem habere possent. imperant 2
Aeduis atque eorum clientibus, Segusiavis, Ambivaretis,
Aulercis Brannovicibus, Brannoviis, milia XXXV; parem
numerum Arvernis adiunctis Eleutetis, Cadurcis, Gabalis,
Vellaviis, qui sub imperio Arvernorum esse consuerunt;
Sequanis, Senonibus, Biturigibus, Santonis, Rutenis, Car- 3
nutibus duodena milia; Bellovacis X; octona Pictonibus
et Turonis et Parisiis et Helvetiis; Ambianis, Medioma-
tricis, Petrocoriis, Nerviis, Morinis, Nitiobrogibus quina
milia; Aulercis Cenomanis totidem; Atrebatibus IV; Ve-
liocassis *totidem;* Lemovicibus et Aulercis Eburovicibus
terna; Rauricis et Boiis *bina;* XXX universis civitatibus, 4
quae Oceanum attingunt quaeque eorum consuetudine
Aremoricae appellantur, quo sunt in numero Curiosolites,
Redones, Ambibarii, Caletes, Osismi, Lexobii, Venelli.
ex his Bellovaci suum numerum non compleverunt, quod 5
se suo nomine atque arbitrio cum Romanis bellum ge-
sturos dicebant neque cuiusquam imperio obtemperaturos;
rogati tamen ab Commio pro eius hospitio duo milia
una miserunt.

1   LXXVI. Huius opera Commii, ut antea demonstravimus, fideli atque utili superioribus annis erat usus in Britannia Caesar; quibus ille pro meritis civitatem eius immunem esse iusserat, iura legesque reddiderat
2 atque ipsi Morinos attribuerat. tamen tanta universae Galliae consensio fuit libertatis vindicandae et pristinae belli laudis reciperandae, ut neque beneficiis neque amicitiae memoria moverentur, omnesque et animo et opibus
3 in id bellum incumberent. coactis equitum VIII milibus et peditum circiter CCL haec in Aeduorum finibus recensebantur numerusque inibatur, praefecti constituebantur. Commio Atrebati, Viridomaro et Eporedorigi Aeduis, Vercassivellauno Arverno, consobrino Vercingetorigis,
4 summa imperii traditur. his delecti ex civitatibus attri-
5 buuntur, quorum consilio bellum administraretur. omnes alacres et fiduciae pleni ad Alesiam proficiscuntur, neque erat omnium quisquam, qui aspectum modo tantae multitudinis sustineri posse arbitraretur, praesertim ancipiti proelio, cum ex oppido eruptione pugnaretur, foris tantae copiae equitatus peditatusque cernerentur.

1   LXXVII. At ii, qui Alesiae obsidebantur, praeterita die, qua auxilia suorum exspectaverant, consumpto omni frumento inscii, quid in Aeduis gereretur, concilio
2 coacto de exitu suarum fortunarum consultabant. ac variis dictis sententiis, quarum pars deditionem, pars, dum vires suppeterent, eruptionem censebat, non praetereunda oratio Critognati videtur propter eius singularem
3 et nefariam crudelitatem. hic summo in Arvernis ortus loco et magnae habitus auctoritatis: *nihil*, inquit, *de eorum sententia dicturus sum, qui turpissimam servitutem deditionis nomine appellant, neque hos habendos*
4 *civium loco neque ad consilium adhibendos censeo. cum his mihi res sit, qui eruptionem probant; quorum in consilio omnium vestrum consensu pristinae residere*

bello cognoverunt, horum in agris civitatibusque con
sidere atque his aeternam iniungere servitutem? neque
16 *enim ulla alia condicione bella gesserunt. quod si ea,*
quae in longinquis nationibus geruntur, ignoratis, re-
spicite finitimam Galliam, quae in provinciam redacta,
iure et legibus commutatis, securibus subiecta perpetua
premitur servitute.

1 LXXVIII. Sententiis dictis constituunt, ut ii, qui
valetudine aut aetate inutiles sint bello, oppido excedant
atque omnia prius experiantur, quam ad Critognati sen-
2 tentiam descendant; illo tamen potius utendum consilio,
si res cogat atque auxilia morentur, quam aut deditionis
3 aut pacis subeundam condicionem. Mandubii, qui eos
oppido receperant, cum liberis atque uxoribus exire co-
4 guntur. hi cum ad munitiones Romanorum accessissent,
flentes omnibus precibus orabant, ut se in servitutem
5 receptos cibo iuvarent. at Caesar dispositis in vallo custodibus recipi prohibebat.

1 LXXIX. Interea Commius reliquique duces, quibus summa imperii permissa erat, cum omnibus copiis
ad Alesiam perveniunt et colle exteriore occupato non
longius mille passibus ab nostris munitionibus considunt.
2 postero die equitatu ex castris educto omnem eam planiciem, quam in longitudinem tria milia passuum patere
demonstravimus, complent pedestresque copias paulum
3 ab eo loco abditas in locis superioribus constituunt. erat
ex oppido Alesia despectus in campum. concurrunt his
auxiliis visis; fit gratulatio inter eos atque omnium animi
4 ad laetitiam excitantur. itaque productis copiis ante
oppidum considunt et proximam fossam cratibus integunt
atque aggere explent seque ad eruptionem atque omnes
casus comparant.

5 LXXX. Caesar omni exercitu ad utramque partem
munitionum disposito, ut, si usus veniat, suum quisque

locum teneat et noverit, equitatum ex castris educi et
proelium committi iubet. erat ex omnibus castris, quae 2
summum undique iugum tenebant, despectus, atque omnes milites intenti pugnae proventum exspectabant. Galli 3
inter equites raros sagittarios expeditosque levis armaturae interiecerant, qui suis cedentibus auxilio succurre-
rent et nostrorum equitum impetus sustinerent. ab his
complures de improviso vulnerati proelio excedebant.
cum suos pugna superiores esse Galli confiderent et no- 4
stros multitudine premi viderent, ex omnibus partibus
et ii, qui munitionibus continebantur, et hi, qui ad auxilium convenerant, clamore et ululatu suorum animos
confirmabant. quod in conspectu omnium res gerebatur 5
neque recte ac turpiter factum celari poterat, utrosque
et laudis cupiditas et timor ignominiae ad virtutem ex-
citabat. cum a meridie prope ad solis occasum dubia 6
victoria pugnaretur, Germani una in parte confertis turmis in hostes impetum fecerunt eosque propulerunt; qui- 7
bus in fugam coniectis sagittarii circumventi interfectique sunt. item ex reliquis partibus nostri cedentes usque 8
ad castra insecuti sui colligendi facultatem non dederunt.
at ii, qui ab Alesia processerant, maesti prope victoria 9
desperata se in oppidum receperunt.

    LXXXI. Uno die intermisso Galli atque hoc spa- 1
tio magno cratium, scalarum, harpagonum numero effecto
media nocte silentio ex castris egressi ad campestres
munitiones accedunt. subito clamore sublato, qua signi- 2
ficatione, qui in oppido obsidebantur, de suo adventu
cognoscere possent, crates proicere, fundis, sagittis, lapidibus nostros de vallo proturbare reliquaque, quae ad
oppugnationem pertinent, parant administrare. eodem 3
tempore clamore exaudito dat tuba signum suis Vercingetorix atque ex oppido educit. nostri, ut superioribus 4
diebus cuique erat locus attributus, ad munitiones ac-

cedunt; fundis librilibus sudibusque, quas in opere dis-
5 posuerant, ac glandibus Gallos proterrent. prospectu
tenebris adempto multa utrimque vulnera accipiuntur.
6 complura tormentis tela coniciuntur. at Marcus Antonius
et Gaius Trebonius legati, quibus hae partes ad defen-
dendum obvenerant, qua ex parte nostros premi intelle-
xerant, his auxilio ex ulterioribus castellis deductos sub-
mittebant.

1   LXXXII. Dum longius ab munitione aberant Galli,
plus multitudine telorum proficiebant; posteaquam propius successerunt, aut se stimulis inopinantes induebant
aut in scrobes delati transfodiebantur aut ex vallo ac
2 turribus traiecti pilis muralibus interibant. multis undique vulneribus acceptis nulla munitione perrupta, cum
lux appeteret, veriti, ne ab latere aperto ex superioribus
castris eruptione circumvenirentur, se ad suos receperunt.
3 at interiores, dum ea, quae a Vercingetorige ad eruptionem praeparata erant, proferunt, priores fossas explent,
4 diutius in his rebus administrandis morati prius suos
discessisse cognoverunt, quam munitionibus appropinquarent. ita re infecta in oppidum reverterunt.

1   LXXXIII. Bis magno cum detrimento repulsi Galli,
quid agant, consulunt; locorum peritos adhibent: ex his
2 superiorum castrorum situs munitionesque cognoscunt. erat
a septemtrionibus collis, quem propter magnitudinem
circuitus opere circumplecti non potuerant nostri: necessario paene iniquo loco et leniter declivi castra fecerant.
3 haec Gaius Antistius Reginus et Gaius Caninius Rebilus
4 legati cum duabus legionibus obtinebant. cognitis per
exploratores regionibus duces hostium LX milia ex omni
numero deligunt earum civitatum, quae maximam virtu-
5 tis opinionem habebant; quid quoque pacto agi placeat,
occulte inter se constituunt; adeundi tempus definiunt,
6 cum meridies esse videatur. his copiis Vercassivellaunum

Arvernum, unum ex quattuor ducibus, propinquum Vercingetorigis, praeficiunt. ille ex castris prima vigilia 7
egressus prope confecto sub lucem itinere post montem se occultavit militesque ex nocturno labore sese
reficere iussit. cum iam meridies appropinquare vide- 8
retur, ad ea castra, quae supra demonstravimus, contendit; eodemque tempore equitatus ad campestres munitiones accedere et reliquae copiae pro castris sese ostendere
coeperunt.

LXXXIV. Vercingetorix ex arce Alesiae suos con- 1
spicatus ex oppido egreditur: crates, longurios, musculos,
falces reliquaque, quae eruptionis causa paraverat, pro-
fert. pugnatur uno tempore omnibus locis, atque omnia 2
temptantur; quae minime visa pars firma est, huc con-
curritur. Romanorum manus tantis munitionibus distine- 3
tur nec facile pluribus locis occurrit. multum ad terren- 4
dos nostros valet clamor, qui post tergum pugnantibus
exstitit, quod suum periculum in aliena vident salute constare; omnia enim plerumque, quae absunt, vehementius 5
hominum mentes perturbant.

LXXXV. Caesar idoneum locum nactus, quid qua- 1
que in parte geratur, cognoscit; laborantibus submittit.
utrisque ad animum occurrit, unum esse illud tempus, 2
quo maxime contendi conveniat: Galli, nisi perfregerint 3
munitiones, de omni salute desperant; Romani, si rem
obtinuerint, finem laborum omnium exspectant. maxime 4
ad superiores munitiones laboratur, quo Vercassivellaunum missum demonstravimus. iniquum loci ad declivi-
tatem fastigium magnum habet momentum. alii tela con- 5
iciunt, alii testudine facta subeunt; defatigatis in vicem
integri succedunt. agger ab universis in munitionem 6
coniectus et ascensum dat Gallis et ea, quae in terra
occultaverant Romani, contegit; nec iam arma nostris nec
vires suppetunt.

1   LXXXVI. His rebus cognitis Caesar Labienum
2 cum cohortibus sex subsidio laborantibus mittit; imperat, si sustinere non possit, deductis cohortibus eruptione
3 pugnet; id nisi necessario ne faciat. ipse adit reliquos,
cohortatur, ne labori succumbant; omnium superiorum
dimicationum fructum in eo die atque hora docet con-
4 sistere. interiores desperatis campestribus locis propter
magnitudinem munitionum loca praerupta exscensu temp-
5 tant; huc ea, quae paraverant, conferunt. multitudine
telorum ex turribus propugnantes deturbant, aggere et
cratibus fossas explent, falcibus vallum ac loricam re-
scindunt.

1   LXXXVII. Mittit primo Brutum adulescentem cum
cohortibus Caesar, post cum aliis Gaium Fabium lega-
2 tum; postremo ipse, cum vehementius pugnaretur, inte-
3 gros subsidio adducit. restituto proelio ac repulsis ho-
4 stibus eo, quo Labienum miserat, contendit; cohortes
quattuor ex proximo castello deducit, equitum partem
se sequi, partem circumire exteriores munitiones et ab
5 tergo hostes adoriri iubet. Labienus, postquam neque
aggeres neque fossae vim hostium sustinere poterant,
coactis una XL cohortibus, quas ex proximis praesidiis
deductas fors obtulit, Caesarem per nuntios facit certiorem, quid faciendum existimet. accelerat Caesar, ut proelio intersit.

1   LXXXVIII. Eius adventu ex colore vestitus cognito, quo insigni in proeliis uti consuerat, turmisque
equitum et cohortibus visis, quas se sequi iusserat, ut
de locis superioribus haec declivia et devexa cerneban-
2 tur, hostes proelium committunt. utrimque clamore sublato excipit rursus ex vallo atque omnibus munitionibus
3 clamor. nostri omissis pilis gladiis rem gerunt. repente
post tergum equitatus cernitur; cohortes aliae appropin-
quant. hostes terga vertunt; fugientibus equites occur-

runt. fit magna caedes. Sedulius, dux et princeps Le- 4
movicum, occiditur; Vercassivellaunus Arvernus vivus in
fuga comprehenditur; signa militaria septuaginta quattuor
ad Caesarem referuntur; pauci ex tanto numero se incolumes in castra recipiunt. conspicati ex oppido caedem 5
et fugam suorum desperata salute copias a munitionibus
reducunt. fit protinus hac re audita ex castris Gallorum
fuga. quod nisi crebris subsidiis ac totius diei labore 6
milites essent defessi, omnes hostium copiae deleri potuissent. de media nocte missus equitatus novissimum 7
agmen consequitur; magnus numerus capitur atque interficitur, reliqui ex fuga in civitates discedunt.

LXXXIX. Postero die Vercingetorix consilio con- 1
vocato id bellum se suscepisse non suarum necessitatum,
sed communis libertatis causa demonstrat, et quoniam 2
sit fortunae cedendum, ad utramque rem se illis offerre,
seu morte sua Romanis satisfacere seu vivum tradere
velint. mittuntur de his rebus ad Caesarem legati. iubet 3
arma tradi, principes produci. ipse in munitione pro 4
castris consedit; eo duces producuntur.. Vercingetorix 5
deditur, arma proiciuntur. reservatis Aeduis atque Arvernis, si per eos civitates reciperare posset, ex reliquis
captivis toto exercitui capita singula praedae nomine
distribuit.

XC. His rebus confectis in Aeduos proficiscitur; 1
civitatem recipit. eo legati ab Arvernis missi, quae im- 2
peraret, se facturos pollicentur. imperat magnum numerum obsidum. captivorum circiter XX milia Aeduis Ar-
vernisque reddit. legiones in hiberna mittit. T. Labienum 3
duabus cum legionibus et equitatu in Sequanos proficisci 4
iubet; huic M. Sempronium Rutilum attribuit. Gaium 5
Fabium legatum et Lucium Minucium Basilum cum legionibus duabus in Remis collocat, ne quam ab finitimis Bellovacis calamitatem accipiant. Gaium Antistium 6

Reginum in Ambivaretos, Titum Sextium in Bituriges, Gaium Caninium Rebilum in Rutenos cum singulis le-
7 gionibus mittit. Quintum Tullium Ciceronem et Publium Sulpicium Cabilloni et Matiscone in Aeduis ad Ararim rei frumentariae causa collocat. ipse Bibracte hiemare
8 constituit. his rebus ex litteris Caesaris cognitis Romae dierum viginti supplicatio redditur.

A. HIRTII

DE BELLO GALLICO

COMMENTARIUS OCTAVUS.

1   Coactus assiduis tuis vocibus, Balbe, cum cotidiana mea recusatio non difficultatis excusationem, sed inertiae videretur deprecationem habere, rem difficillimam suscepi.
2 Caesaris nostri commentarios rerum gestarum, non cohaerentibus superioribus atque insequentibus eius scriptis, contexui novissimumque imperfectum ab rebus gestis Alexandriae confeci usque ad exitum non quidem civilis dissensionis, cuius finem nullum videmus, sed vitae Cae-
3 saris. quos utinam qui legent scire possint, quam invitus susceperim scribendos, quo facilius caream stultitiae atque arrogantiae crimine, qui me mediis interposuerim
4 Caesaris scriptis. constat enim inter omnes, nihil tam operose ab aliis esse perfectum, quod non horum elegan-
5 tia commentariorum superetur. qui sunt editi, ne scientia tantarum rerum scriptoribus desit, adeoque probantur omnium iudicio, ut praerepta, non praebita facul-
6 tas scriptoribus videatur. cuius tamen rei maior nostra quam reliquorum est admiratio: ceteri enim, quam bene

atque emendate, nos etiam, quam facile atque celeriter eos perfecerit, scimus. erat autem in Caesare cum facul- 7 tas atque elegantia summa scribendi, tum verissima scientia suorum consiliorum explicandorum. mihi ne illud 8 quidem accidit, ut Alexandrino atque Africano bello interessem; quae bella quamquam ex parte nobis Caesaris sermone sunt nota, tamen aliter audimus ea, quae rerum novitate aut admiratione nos capiunt, aliter, quae pro testimonio sumus dicturi. sed ego nimirum, dum omnes 9 excusationis causas colligo, ne cum Caesare conferar, hoc ipsum crimen arrogantiae subeo, quod me iudicio cuiusquam existimem posse cum Caesare comparari. vale.

CAP. I. Omni Gallia devicta Caesar cum a supe- 1 riore aestate nullum bellandi tempus intermisisset militesque hibernorum quiete reficere a tantis laboribus vellet, . complures eodem tempore civitates renovare belli consilia nuntiabantur coniurationesque facere. cuius rei veri- 2 similis causa afferebatur, quod Gallis omnibus cognitum esset, neque ulla multitudine in unum locum coacta resisti posse Romanis, nec, si diversa bella complures eodem tempore intulissent civitates, satis auxilii aut spatii aut copiarum habiturum exercitum populi Romani ad omnia persequenda; non esse autem alicui civitati sortem 3 incommodi recusandam, si tali mora reliquae possent se vindicare in libertatem.

II. Quae ne opinio Gallorum confirmaretur, Caesar 1 Marcum Antonium quaestorem suis praefecit hibernis; ipse equitum praesidio pridie Kal. Ianuarias ab oppido Bibracte proficiscitur ad legionem XIII., quam non longe a finibus Aeduorum collocaverat in finibus Biturigum, eique adiungit legionem XI., quae proxima fuerat. binis 2 cohortibus ad impedimenta tuenda relictis reliquum exercitum in copiosissimos .agros Biturigum inducit, qui, cum latos fines et complura oppida haberent, unius le-

gionis hibernis non potuerint contineri, quin bellum
pararent coniurationesque facerent.

1   III. Repentino adventu Caesaris accidit, quod im-
paratis disiectisque accidere fuit necesse, ut sine timore
ullo rura colentes prius ab equitatu opprimerentur, quam
2 confugere in oppida possent. namque etiam illud vul-
gare incursionis hostium signum, quod incendiis aedificiorum intellegi consuevit, Caesaris erat interdicto sub-
latum, ne aut copia pabuli frumentique, si longius
progredi vellet, deficeretur, aut hostes incendiis terreren-
3 tur. multis hominum milibus captis perterriti Bituriges,
qui primum adventum potuerant effugere Romanorum,
in finitimas civitates aut privatis hospitiis confisi aut
4 societate consiliorum confugerant. frustra; nam Caesar
magnis itineribus omnibus locis occurrit nec dat ulli
civitati spatium de aliena potius quam de domestica
salute cogitandi; qua celeritate et fideles amicos retine-
bat et dubitantes terrore ad condiciones pacis adducebat.
5 tali condicione proposita Bituriges, cum sibi viderent
clementia Caesaris reditum patere in eius amicitiam
finitimasque civitates sine ulla poena dedisse obsides atque in fidem receptas esse, idem fecerunt.

1   IV. Caesar militibus pro tanto labore ac patientia,
qui brumalibus diebus, itineribus difficillimis, frigoribus
intolerandis studiosissime permanserant in labore, duce-
nos se sestertios, centurionibus alterum tantum praedac
nomine condonaturum pollicetur legionibusque in hiberna
2 remissis ipse se recipit die XXXX. Bibracte. ibi cum
ius diceret, Bituriges ad eum legatos mittunt auxilium
petitum contra Carnutes, quos intulisse bellum sibi
3 querebantur. qua re cognita, cum dies non amplius X
et VIII in hibernis esset moratus, legiones XIV. et VI.
ex hibernis ab Arare educit, quas ibi collocatas ex-
plicandae rei frumentariae causa superiore commentario

demonstratum est. ita cum duabus legionibus ad persequendos Carnutes proficiscitur.

V. Cum fama exercitus ad hostes esset perlata, 1
calamitate ceterorum ducti Carnutes desertis vicis oppidis-
que, quae tolerandae hiemis causa constitutis repente
exiguis ad necessitatem aedificiis incolebant — nuper
enim devicti complura oppida dimiserant — dispersi
profugiunt. Caesar erumpentes eo maxime tempore acer- 2
rimas tempestates cum subire milites nollet, in oppido
Carnutum Cenabo castra ponit atque in tecta partim
Gallorum, partim quae collectis celeriter stramentis ten-
toriorum integendorum gratia erant inaedificata, milites
compegit. equites tamen et auxiliarios pedites in omnes 3
partes mittit, quascumque petisse dicebantur hostes; nec
frustra; nam plerumque magna praeda potiti nostri revertuntur. oppressi Carnutes hiemis difficultate, terrore 4
periculi, cum tectis expulsi nullo loco diutius consistere
auderent nec silvarum praesidio tempestatibus durissimis
tegi possent, dispersi magna parte amissa suorum dissi-
pantur in finitimas civitates.

VI. Caesar tempore anni difficillimo, cum satis 1
haberet convenientes manus dissipare, ne quod initium
belli nasceretur, quantumque in ratione esset, exploratum
haberet sub tempus aestivorum nullum summum bellum
posse conflari, Gaium Trebonium cum duabus legionibus,
quas secum habebat, in hibernis Cenabi collocavit; ipse, 2
cum crebris legationibus Remorum certior fieret Bellovacos, qui belli gloria Gallos omnes Belgasque praestabant,
finitimasque his civitates duce Correo Bellovaco et Commio Atrebate exercitus comparare atque in unum locum
cogere, ut omni multitudine in fines Suessionum, qui
Remis erant attributi, facerent impressionem, pertinere
autem non tantum ad dignitatem, sed etiam ad salutem
suam iudicaret, nullam calamitatem socios optime de

3 republica meritos accipere, legionem ex hibernis evocat
rursus undecimam, litteras autem ad Gaium Fabium
mittit, ut in fines Suessionum legiones duas, quas habebat, adduceret alteramque ex duabus ab Tito Labieno
4 arcessit. ita, quantum hibernorum opportunitas bellique
ratio postulabat, perpetuo suo labore in vicem legionibus
expeditionum onus iniungebat.

1   VII. His copiis coactis ad Bellovacos proficiscitur
castrisque in eorum finibus positis equitum turmas dimittit in omnes partes ad aliquos excipiendos, ex qui-
2 bus hostium consilia cognosceret. equites officio functi
renuntiant paucos in aedificiis esse inventos, atque hos,
non qui agrorum colendorum causa remansissent — namque esse undique diligenter demigratum — sed qui spe-
3 culandi causa essent remissi. a quibus cum quaereret
Caesar, quo loco multitudo esset Bellovacorum quodve
4 esset consilium eorum, inveniebat: Bellovacos omnes,
qui arma ferre possent, in unum locum convenisse, itemque Ambianos, Aulercos, Caletos, Veliocasses, Atrebatas;
locum castris excelsum in silva circumdata palude delegisse, impedimenta omnia in ulteriores silvas contulisse.
complures esse principes belli auctores, sed multitudinem
maxime Correo obtemperare, quod ei summo esse odio
5 nomen populi Romani intellexissent. paucis ante diebus
ex his castris Atrebatem Commium discessisse ad auxilia Germanorum adducenda, quorum et vicinitas propin-
6 qua et multitudo esset infinita. constituisse autem Bellovacos omnium principum consensu, summa plebis cupiditate, si, ut diceretur, Caesar cum tribus legionibus
veniret, offerre se ad dimicandum, ne miseriore ac du-
riore postea condicione cum toto exercitu decertare co-
7 gerentur; si maiores copias adduceret, in eo loco permanere, quem delegissent, pabulatione autem, quae
propter anni tempus cum exigua tum disiecta esset,

Biturigibus hiemabat, arcesseret atque ita cum tribus
legionibus magnis itineribus ad se veniret; ipse equites 2
in vicem Remorum ac Lingonum reliquarumque civitatum, quorum magnum numerum evocaverat, praesidio
pabulationibus mittit, qui subitas incursiones hostium
sustinerent.

XII. Quod cum cotidie fieret, ac iam consuetudine 1
diligentia minueretur, quod plerumque accidit diuturnitate,
Bellovaci delecta manu peditum cognitis stationibus cotidianis equitum nostrorum silvestribus locis insidias dis-
ponunt eodemque equites postero die mittunt, qui pri- 2
mum elicerent nostros, deinde circumventos aggrederentur.
cuius mali sors incidit Remis, quibus ille dies fungendi 3
muneris obvenerat. namque hi, cum repente hostium
equites animadvertissent ac numero superiores paucitatem contempsissent, cupidius insecuti peditibus undique
sunt circumdati. quo facto perturbati celerius, quam 4
consuetudo fert equestris proelii, se receperunt amisso Ver-
tisco, principe civitatis, praefecto equitum; qui cum 5
vix equo propter aetatem posset uti, tamen consuetudine Gallorum neque aetatis excusatione in suscipienda praefectura usus erat neque dimicari sine se volue-
rat. inflantur atque incitantur hostium animi secundo 6
proelio, principe et praefecto Remorum interfecto, nostri- 7
que detrimento admonentur diligentius exploratis locis
stationes disponere ac moderatius cedentem insequi
hostem.

XIII. Non intermittunt interim cotidiana proelia 1
in conspectu utrorumque castrorum, quae ad vada trans-
itusque fiebant paludis. qua contentione Germani, quos 2
propterea Caesar traduxerat Rhenum, ut equitibus inter-
positi proeliarentur, cum constantius universi paludem
transissent paucisque in resistendo interfectis pertinacius
reliquam multitudinem essent insecuti, perterriti non so-

lum ii, qui aut comminus opprimebantur aut eminus vulnerabantur, sed etiam, qui longius subsidiari consuerant,
3 turpiter refugerunt nec prius finem fugae fecerunt saepe amissis superioribus locis, quam se aut in castra suorum reciperent aut nonnulli pudore coacti longius profuge-
4 rent. quorum periculo sic omnes copiae sunt perturbatae, ut vix iudicari posset, utrum secundis minimisque rebus insolentiores an adverso mediocri casu timidiores essent.

1 XIV. Compluribus diebus iisdem *in* castris consumptis, cum propius accessisse legiones et Gaium Trebonium legatum cognovissent, duces Bellovacorum veriti similem obsessionem Alesiae noctu dimittunt eos, quos aut aetate aut viribus inferiores aut inermes habebant, unaque re-
2 liqua impedimenta. quorum perturbatum et confusum dum explicant agmen — magna enim multitudo carrorum etiam expeditos sequi Gallos consuevit — oppressi luce copias armatorum pro suis instruunt castris, ne prius Romani persequi se inciperent, quam longius agmen
3 impedimentorum suorum processisset. at Caesar neque resistentes aggrediendos tanto collis ascensu iudicabat, neque non usque eo legiones admovendas, ut discedere ex eo loco sine periculo barbari militibus instantibus
4 non possent. ita cum palude impedita a castris castra dividi videret, quae transeundi difficultas celeritatem insequendi tardare posset, atque id iugum, quod trans paludem paene ad hostium castra pertineret, mediocri valle a castris eorum intercisum animum adverteret, pontibus palude constrata legiones traducit celeriterque in summam planiciem iugi pervenit, quae declivi fastigio
5 duobus ab lateribus muniebatur. ibi legionibus instructis ad ultimum iugum pervenit aciemque eo loco constituit, unde tormento missa tela in hostium cuneos conici possent.

XV. Barbari confisi loci natura, cum dimicare non 1
recusarent, si forte Romani subire collem conarentur,
paulatim copias distributas dimittere non possent, ne
dispersi perturbarentur, in acie permanserunt. quorum 2
pertinacia cognita Caesar XX cohortibus instructis castrisque eo loco metatis muniri iubet castra. absolutis 3
operibus pro vallo legiones instructas collocat, equites
frenatis equis in statione disponit. Bellovaci, cum Ro- 4
manos ad insequendum paratos viderent neque pernoc-
tare aut diutius permanere sine periculo eodem loco
possent, tale consilium sui recipiendi ceperunt. fasces 5
per manus stramentorum ac virgultorum, quorum summa
erat in castris copia, inter se traditos ante aciem collo-
carunt extremoque tempore diei signo pronuntiato uno
tempore incenderunt. ita continens flamma copias om- 6
nes repente a conspectu texit Romanorum. quod ubi
accidit, barbari vehementissimo cursu refugerunt.

XVI. Caesar, etsi discessum hostium animadver- 1
tere non poterat incendiis oppositis, tamen id consilium
cum fugae causa initum suspicaretur, legiones promovet,
turmas mittit ad insequendum; ipse veritus insidias, ne
forte in eodem loco subsistere hostis atque elicere nostros in locum conaretur iniquum, tardius procedit. equi- 2
tes cum intrare fumum et flammam densissimam timerent ac, si qui cupidius intraverant, vix suorum ipsi
priores partes animadverterent equorum, insidias veriti
liberam facultatem sui recipiendi Bellovacis dederunt.
ita fuga timoris simul calliditatisque plena sine ullo de- 3
trimento milia non amplius decem progressi hostes loco
munitissimo castra posuerunt. inde cum saepe in insidiis 4
equites peditesque disponerent, magna detrimenta Romanis in pabulationibus inferebant.

XVII. Quod cum crebrius accideret, ex captivo 1
quodam comperit Caesar Correum, Bellovacorum ducem,

fortissimorum milia sex peditum delegisse equitesque ex
omni numero mille, quos in insidiis eo loco collocaret,
quem in locum propter copiam frumenti ac pabuli Ro-
2 manos missuros suspicaretur. quo cognito consilio legiones plures quam solebat educit equitatumque, quem
pabulatoribus mittere praesidio consuerat, praemittit; huic
3 interponit auxilia levis armaturae; ipse cum legionibus
quam potest maxime appropinquat.

1 XVIII. Hostes in insidiis dispositi, cum sibi delegissent campum ad rem gerendam non amplius patentem
in omnes partes passibus mille, silvis undique aut im-
peditissimo flumine munitum, velut indagine hunc
2 insidiis circumdederunt. explorato hostium consilio nostri ad proeliandum animo atque armis parati, cum sub-
sequentibus legionibus nullam dimicationem recusarent,
3 turmatim in eum locum devenerunt. quorum adventu
cum sibi Correus oblatam occasionem rei gerendae existimaret, primum cum paucis se ostendit atque in pro-
4 ximas turmas impetum fecit. nostri constanter incursum
sustinent insidiatorum neque plures in unum locum conveniunt; quod plerumque equestribus proeliis cum propter
aliquem timorem accidit, tum multitudine ipsorum detrimentum accipitur.

1 XIX. Cum dispositis turmis in vicem rari proeliarentur neque ab lateribus circumveniri suos paterentur,
2 erumpunt ceteri Correo proeliante ex silvis. fit magna
contentione diversum proelium. quod cum diutius pari
Marte iniretur, paulatim ex silvis instructa multitudo
procedit peditum, quae nostros coëgit cedere equites.
quibus celeriter subveniunt levis armaturae pedites, quos
ante legiones missos docui, turmisque nostrorum inter-
3 positi constanter proeliantur. pugnatur aliquamdiu pari
contentione; deinde, ut ratio postulabat proelii, qui sus-
tinuerant primos impetus insidiarum, hoc ipso fiunt

superiores, quod nullum ab insidiantibus imprudentes acceperant detrimentum. accedunt propius interim legio- 4 nes, crebrique eodem tempore et nostris et hostibus nuntii afferuntur, imperatorem instructis copiis adesse. qua re cognita praesidio cohortium confisi nostri acerrime 5 proeliantur, ne, si tardius rem gessissent, victoriae gloriam communicasse cum legionibus viderentur; hostes concidunt animis atque itineribus diversis fugam quaerunt. nequiquam: nam quibus difficultatibus locorum 6 Romanos claudere voluerant, iis ipsi tenebantur. victi perculsique, maiore parte amissa consternati profugiunt 7 partim silvis petitis, partim flumine — qui tamen in fuga a nostris acriter insequentibus conficiuntur — cum 8 interim nulla calamitate victus Correus excedere proelio silvasque petere aut invitantibus nostris ad deditionem potuit adduci, quin fortissime proeliando compluresque vulnerando cogeret elatos iracundia victores in se tela conicere.

XX. Tali modo re gesta recentibus proelii vesti- 1 giis ingressus Caesar, cum victos tanta calamitate existimaret hostes nuntio accepto locum castrorum relicturos, quae non longius ab ea caede abesse passuum octo milibus dicebantur, tametsi flumine impeditum transitum videbat, tamen exercitu traducto progreditur. at Bello- 2 vaci reliquaeque civitates repente ex fuga paucis atque his vulneratis receptis, qui silvarum beneficio casum evitaverant, omnibus adversis, interfecto Correo, amisso equitatu et fortissimis peditibus, cum adventare Romanos existimarent, concilio repente cantu tubarum convocato conclamant, legati obsidesque ad Caesarem mittantur.

XXI. Hoc omnibus probato consilio Commius Atre- 1 bas ad eos confugit Germanos, a quibus ad id bellum auxilia mutuatus erat. ceteri e vestigio mittunt ad Cae- 2

1   XXV. Cum in omnes partes finium Ambiorigis aut legiones aut auxilia dimisisset atque omnia caedibus, incendiis, rapinis vastasset, magno numero hominum interfecto aut capto Labienum cum duabus legionibus in

2 Treveros mittit, quorum civitas propter Germaniae vicinitatem cotidianis exercita bellis cultu et feritate non multum a Germanis differebat neque imperata umquam nisi exercitu coacta faciebat.

1   XXVI. Interim Gaius Caninius legatus, cum magnam multitudinem convenisse hostium in fines Pictonum litteris nuntiisque Duratii cognosceret, qui perpetuo in amicitia manserat Romanorum, cum pars quaedam civitatis eius defecisset, ad oppidum Lemonum contendit.

2 quo cum adventaret atque ex captivis certius cognosceret, multis hominum milibus a Dumnaco, duce Andium, Duratium clausum Lemoni oppugnari, neque infirmas legiones hostibus committere auderet, castra posuit loco mu-

3 nito. Dumnacus, cum appropinquare Caninium cognosset, copiis omnibus ad legiones conversis castra Romanorum

4 oppugnare instituit. cum complures dies in oppugnatione consumpsisset et magno suorum detrimento nullam partem munitionum convellere potuisset, rursus ad obsidendum Lemonum redit.

1   XXVII. Eodem tempore C. Fabius legatus complures civitates in fidem recipit, obsidibus firmat litterisque Gai Caninii Rebili fit certior, quae in Pictonibus gerantur. quibus rebus cognitis proficiscitur ad auxilium

2 Duratio ferendum. at Dumnacus adventu Fabii cognito desperata salute, si tempore eodem coactus esset et externum sustinere hostem et respicere ac timere oppidanos, repente ex eo loco cum copiis recedit nec se satis tutum fore arbitratur, nisi flumine Ligeri, quod erat ponte propter magnitudinem transeundum, copias traduxisset.

3 Fabius, etsi nondum in conspectum venerat hostibus

neque se Caninio coniunxerat, tamen doctus ab iis, qui locorum noverant naturam, potissimum credidit hostes perterritos eum locum, quem petebant, petituros. itaque 4 cum copiis ad eundem pontem contendit equitatumque tantum procedere ante agmen imperat legionum, quantum cum processisset, sine defatigatione equorum in eadem se reciperet castra. consequuntur equites nostri, 5 ut erat praeceptum, invaduntque Dumnaci agmen et fugientes perterritosque sub sarcinis in itinere aggressi magna praeda multis interfectis potiuntur. ita re bene gesta se recipiunt in castra.

XXVIII. Insequenti nocte Fabius equites prae- 1 mittit sic paratos, ut confligerent atque omne agmen morarentur, dum consequeretur ipse. cuius praeceptis 2 ut res gereretur, Quintus Atius Varus praefectus equitum, singularis et animi et prudentiae vir, suos hortatur agmenque hostium consecutus turmas partim idoneis locis disponit, partim equitum proelium committit. confligit au- 3 dacius equitatus hostium succedentibus sibi peditibus; qui toto agmine subsistentes equitibus suis contra nostros ferunt auxilium. fit proelium acri certamine. namque 4 nostri contemptis pridie superatis hostibus, cum subsequi legiones meminissent, et pudore cedendi et cupiditate per se conficiendi proelii fortissime contra pedites proeliabantur, hostesque nihil amplius copiarum accessurum 5 credentes, ut pridie cognoverant, delendi equitatus nostri nacti occasionem videbantur.

XXIX. Cum aliquamdiu summa contentione dimi- 1 caretur, Dumnacus instruit aciem, quae suis esset equitibus in vicem praesidio, cum repente confertae legiones in conspectum hostium veniunt. quibus visis perculsae 2 barbarorum turmae ac perterritae acies hostium, perturbato impedimentorum agmine, magno clamore discursuque passim fugae se mandant. at nostri equites, qui paulo 3

ante cum resistentibus fortissime conflixerant, laetitia
victoriae elati magno undique clamore sublato cedentibus circumfusi, quantum equorum vires ad persequendum
dextraeque ad caedendum valent, tantum eo proelio in-
4 terficiunt. itaque amplius milibus XII aut armatorum
aut eorum, qui eo timore arma proiecerant, interfectis
omnis multitudo capitur impedimentorum.

1   XXX. Qua ex fuga cum constaret Drappetem
Senonem, qui, ut primum defecerat Gallia, collectis undique perditis hominibus, servis ad libertatem vocatis,
exulibus omnium civitatum ascitis, receptis latronibus
impedimenta et commeatus Romanorum interceperat, non
amplius hominum milibus ex fuga quinque collectis provinciam petere, unaque consilium cum eo Lucterium Cadurcum cepisse, quem superiore commentario prima defectione Galliae facere in provinciam voluisse impetum cogni-
2 tum est, Caninius legatus cum legionibus duabus ad eos
persequendos contendit, ne detrimento aut timore provinciae
magna infamia perditorum hominum latrociniis caperetur.

1   XXXI. Gaius Fabius cum reliquo exercitu in
Carnutes ceterasque proficiscitur civitates, quarum eo
proelio, quod cum Dumnaco fecerat, copias esse accisas
2 sciebat. non enim dubitabat, quin recenti calamitate
submissiores essent futurae, dato vero spatio ac tempore
3 eodem instigante Dumnaco possent concitari. qua in
re summa felicitas celeritasque in recipiendis civitatibus
Fabium consequitur. nam Carnutes, qui saepe vexati
numquam pacis fecerant mentionem, datis obsidibus veniunt in deditionem, ceteraeque civitates positae in ulti-
4 mis Galliae finibus, Oceano coniunctae, quae Aremoricae
appellantur, auctoritate adductae Carnutum adventu Fa-
5 bii legionumque imperata sine mora faciunt. Dumnacus
suis finibus expulsus errans latitansque solus extremas
Galliae regiones petere est coactus.

XXXII. At Drappes unaque Lucterius, cum legio- 1
nes Caniniumque adesse cognoscerent, nec se sine certa
pernicie persequente exercitu putarent provinciae fines
intrare posse nec iam libere vagandi latrociniorumque
faciendorum facultatem haberent, in finibus consistunt
Cadurcorum. ibi cum Lucterius apud suos cives quon- 2
dam integris rebus multum potuisset semperque auctor
novorum consiliorum magnam apud barbaros auctoritatem haberet, oppidum Uxellodunum, quod in clientela
fuerat eius, egregie natura loci munitum, occupat suis
et Drappetis copiis oppidanosque sibi coniungit.

XXXIII. Quo cum confestim Gaius Caninius ve- 1
nisset animadverteretque, omnes oppidi partes praerup-
tissimis saxis esse munitas, quo defendente nullo tamen
armatis ascendere esset difficile, magna autem impedimenta oppidanorum videret, quae si clandestina fuga
subtrahere conarentur, effugere non modo equitatum, sed
ne legiones quidem possent, tripertito cohortibus divisis
trina excelsissimo loco castra fecit; a quibus paulatim, 2
quantum copiae patiebantur, vallum in oppidi circuitum
ducere instituit.

XXXIV. Quod cum animadverterent oppidani mi- 1
serrimaque Alesiae memoria solliciti similem casum ob-
sessionis vererentur, maximeque ex omnibus Lucterius,
qui fortunae illius periculum fecerat, moneret frumenti
rationem esse habendam, constituunt omnium consensu
parte ibi relicta copiarum ipsi cum expeditis ad impor-
tandum frumentum proficisci. eo consilio probato pro- 2
xima nocte duobus milibus armatorum relictis reliquos
ex oppido Drappes et Lucterius educunt. hi paucos 3
dies morati ex finibus Cadurcorum, qui partim re frumentaria sublevare eos cupiebant, partim prohibere, quo minus
sumerent, non poterant, magnum numerum frumenti
comparant, nonnumquam autem expeditionibus nocturnis

missa, at Germanos equitesque imprudentibus omnibus
de improviso advolasse proeliumque commisisse. qua re 4
cognita legionem armatam instructamque adducit. ita
repente omnibus ex partibus signo dato loca superiora
capiuntur. quod ubi accidit, Germani equitesque signis
legionis visis vehementissime proeliantur. confestim co- 5
hortes undique impetum faciunt omnibusque aut interfectis aut captis magna praeda potiuntur. capitur ipse
eo proelio Drappes.

XXXVII. Caninius felicissime re gesta sine ullo 1
paene militis vulnere ad obsidendos oppidanos revertitur
externoque hoste deleto, cuius timore antea dividere prae- 2
sidia et munitione oppidanos circumdare prohibitus erat,
opera undique imperat administrari. venit eodem cum 3
suis copiis postero die Gaius Fabius partemque oppidi
sumit ad obsidendum.

XXXVIII. Caesar interim M. Antonium quaestorem 1
cum cohortibus XV in Bellovacis relinquit, ne qua rursus novorum consiliorum capiendorum Belgis facultas
daretur. ipse reliquas civitates adit, obsides plures im- 2
perat, timentes omnium animos consolatione sanat. cum 3
in Carnutes venisset, quorum in civitate superiore commentario Caesar exposuit initium belli esse ortum, quod
praecipue eos propter conscientiam facti timere animad-
vertebat, quo celerius civitatem timore liberaret, principem sceleris illius et concitatorem belli, Gutruatum, ad
supplicium depoposcit. qui etsi ne civibus quidem suis 4
se committebat, tamen celeriter omnium cura quaesitus
in castra perducitur. cogitur in eius supplicium Caesar 5
contra suam naturam concursu maximo militum, qui ei
omnia pericula et detrimenta belli accepta referebant,
adeo ut verberibus exanimatum corpus securi feriretur.

XXXIX. Ibi crebris litteris Caninii fit certior, 1
quae de Drappete et Lucterio gesta essent, quoque in

2 consilio permanerent oppidani. quorum etsi paucitatem
contemnebat, tamen pertinaciam magna poena esse affi-
ciendam iudicabat, ne universa Gallia non sibi vires
defuisse ad·resistendum Romanis, sed constantiam putaret, neve hoc exemplo ceterae civitates locorum oppor·
3 tunitate fretae se vindicarent in libertatem, cum omnibus
Gallis notum esse sciret, reliquam esse unam aestatem
suae provinciae, quam si sustinere potuissent, nullum
4 ultra periculum vererentur. itaque Q. Calenum legatum
cum legionibus reliquit, qui iustis itineribus subseque-
retur; ipse cum omni equitatu quam potest celerrime ad
Caninium contendit.

1　　　XL. Cum contra exspectationem omnium Caesar
Uxellodunum venisset oppidumque operibus clausum animadverteret neque ab oppugnatione recedi videret ulla
condicione posse, magna autem copia frumenti abundare
oppidanos ex perfugis cognosset, aqua prohibere hostem
2 temptare coepit. flumen infimam vallem dividebat, quae
totum paene montem cingebat, in quo positum erat prae·
3 ruptum undique oppidum Uxellodunum. hoc avertere
loci natura prohibebat: in infimis enim sic radicibus
montis ferebatur, ut nullam in partem depressis fossis
4 derivari posset. erat autem oppidanis difficilis et prae-
ruptus eo descensus, ut prohibentibus nostris sine vulneribus ac periculo vitae neque adire flumen neque arduo
5 se recipere possent ascensu. qua difficultate eorum cognita Caesar sagittariis funditoribusque dispositis, tor·
mentis etiam quibusdam locis contra facillimos descensus
collocatis, aqua fluminis prohibebat oppidanos.

1　　　XLI. Quorum omnis postea multitudo aquatorum
unum in locum conveniebat sub ipsius oppidi murum,
ubi magnus fons aquae prorumpebat ab ea parte, quae
fere pedum trecentorum intervallo fluminis circuitu vaca·
2 bat. hoc fonte prohiberi posse oppidanos cum optarent

reliqui, Caesar unus videret, e regione eius vineas agere
adversus montem et aggerem instruere coepit magno
cum labore et continua dimicatione. oppidani enim loco 3
superiore decurrunt et eminus sine periculo proeliantur
multosque pertinaciter succedentes vulnerant; non deter-
rentur tamen milites nostri vineas proferre et labore atque operibus locorum vincere difficultates. eodem tempore 4
cuniculos tectos ab vineis agunt ad caput fontis, quod
genus operis sine ullo periculo, sine suspicione hostium
facere licebat. exstruitur agger in altitudinem pedum 5
LX, collocatur in eo turris decem tabulatorum, non quidem quae moenibus aequaret — id enim nullis operibus
effici poterat — sed quae superare fontis fastigium posset. ex ea cum tela tormentis iacerentur ad fontis ad- 6
itum, nec sine periculo possent aquari oppidani, non
tantum pecora atque iumenta, sed etiam magna hostium
multitudo siti consumebatur.

    XLII. Quo malo perterriti oppidani cupas sevo, 1
pice, scandulis complent; eas ardentes in opera provol-
vunt eodemque tempore acerrime proeliantur, ut ab incendio restinguendo dimicationis periculo deterreant Romanos. magna repente in ipsis operibus flamma exstitit. 2
quaecumque enim per locum praecipitem missa erant,
ea vineis et aggere suppressa comprehendebant id ipsum,
quod morabatur. milites contra nostri, quamquam peri- 3
culoso genere proelii locoque iniquo premebantur, tamen
omnia fortissimo sustinebant animo. res enim gerebatur 4
et excelso loco et in conspectu exercitus nostri, magnusque utrimque clamor oriebatur. ita quam quisque poterat
maxime insignis, quo notior testatiorque virtus esset eius,
telis hostium flammaeque se offerebat.

    XLIII. Caesar cum complures suos vulnerari vi- 1
deret, ex omnibus oppidi partibus cohortes montem
ascendere et simulatione moenium occupandorum clamo-

atque in his Surum Aeduum, qui et virtutis et generis 2
summam nobilitatem habebat solusque ex Aeduis ad id
tempus permanserat in armis.

XLVI. Ea re cognita Caesar, cum in omnibus 1
partibus Galliae bene res geri videret iudicaretque, superioribus aestivis Galliam devictam subactamque esse,
Aquitaniam numquam ipse adisset, sed per Publium
Crassum quadam ex parte devicisset, cum duabus legionibus in eam partem Galliae est profectus, ut ibi extremum tempus consumeret aestivorum. quam rem sicuti 2
cetera celeriter feliciterque confecit. namque omnes Aquitaniae civitates legatos ad Caesarem miserunt obsidesque ei dederunt. quibus rebus gestis ipse equitum prae- 3
sidio Narbonem profectus est, exercitum per legatos in
hiberna deduxit: quattuor legiones in Belgio collocavit 4
cum M. Antonio et C. Trebonio et P. Vatinio legatis,
duas legiones in Aeduos deduxit, quorum in omni Gallia
summam esse auctoritatem sciebat, duas in Turonis ad
fines Carnutum posuit, quae omnem illam regionem
coniunctam Oceano continerent, duas reliquas in Lemo-
vicum finibus non longe ab Arvernis, ne qua pars Galliae vacua ab exercitu esset. paucos dies ipse in pro- 5
vincia moratus, cum celeriter omnes conventus percucurrisset, publicas controversias cognosset, bene meritis
praemia tribuisset — cognoscendi enim maximam facul- 6
tatem habebat, quali quisque fuisset animo in totius Galliae defectione, quam sustinuerat fidelitate atque auxiliis
provinciae illius — his confectis rebus ad legiones in
Belgium se recipit hibernatque Nemetocennae.

XLVII. Ibi cognoscit Commium Atrebatem proelio 1
cum equitatu suo contendisse. nam cum Antonius in 2
hiberna venisset civitasque Atrebatum in officio esset,
Commius, qui post illam vulnerationem, quam supra
commemoravi, semper ad omnes motus paratus suis

civibus esse consuesset, ne consilia belli quaerentibus
auctor armorum duxque deesset, parente Romanis civitate
cum suis equitibus latrociniis se suosque alebat infestis-
que itineribus commeatus complures, qui comportabantur
in hiberna Romanorum, intercipiebat.

1 XLVIII. Erat attributus Antonio praefectus equitum C. Volusenus Quadratus, qui cum eo hibernaret.
hunc Antonius ad persequendum equitatum hostium mit-
2 tit. Volusenus ad eam virtutem, quae singularis erat in
eo, magnum odium Commii adiungebat, quo libentius id
faceret, quod imperabatur. itaque dispositis insidiis sae-
3 pius equites eius aggressus secunda proelia faciebat. no-
vissime, cum vehementius contenderetur ac Volusenus
ipsius intercipiendi Commii cupiditate pertinacius eum
cum paucis insecutus esset, ille autem fuga vehementi Volusenum produxisset longius, inimicus homini suorum
invocat fidem atque auxilium, ne sua vulnera per fidem
imposita paterentur impunita, conversoque equo se a
4 ceteris incautius permittit in praefectum. faciunt hoc
idem omnes eius equites paucosque nostros convertunt
5 atque insequuntur. Commius incensum calcaribus equum
coniungit equo Quadrati lanceaque infesta magnis viribus
6 medium femur traicit Voluseni. praefecto vulnerato non
dubitant nostri resistere et conversis equis hostem pellere.
7 quod ubi accidit, complures hostium magno nostrorum
impetu perculsi vulnerantur ac partim in fuga proterun-
tur, partim intercipiuntur. quod malum dux equi velo-
citate evitavit; graviter vulneratus praefectus, ut vitae
8 periculum aditurus videretur, refertur in castra. Commius autem sive expiato suo dolore sive magna parte
amissa suorum legatos ad Antonium mittit seque et ibi
futurum, ubi praescripserit, et ea facturum, quae impe-
9 rarit, obsidibus datis firmat; unum illud orat, ut timori
suo concedatur, ne in conspectum veniat cuiusquam Ro-

praestitissent, simulque se et honorem suum insequentis
4 anni commendaret, propterea quod insolenter adversarii
sui gloriarentur L. Lentulum et C. Marcellum consules
creatos, qui omnem honorem et dignitatem Caesaris spo-
liarent, ereptum Ser. Galbae consulatum, cum is multo
plus gratia suffragiisque valuisset, quod sibi coniunctus
et familiaritate et consuetudine legationis esset.

1   LI. Exceptus est Caesaris adventus ab omnibus
municipiis et coloniis incredibili honore atque amore.
tum primum enim veniebat ab illo universae Galliae
2 bello. nihil relinquebatur, quod ad ornatum portarum,
itinerum, locorum omnium, qua Caesar iturus erat, ex-
4 cogitari poterat. cum liberis omnis multitudo obviam
procedebat, hostiae omnibus locis immolabantur, tricliniis
stratis fora templaque occupabantur, ut vel spectatissimi
triumphi laetitia praecipi posset. tanta erat magnificen-
tia apud opulentiores, cupiditas apud humiliores.

1   LII. Cum omnes regiones Galliae togatae Caesar
percucurrisset, summa celeritate ad exercitum Nemeto-
cennam rediit legionibusque ex omnibus hibernis ad
fines Treverorum evocatis eo profectus est ibique exer-
2 citum lustravit. T. Labienum Galliae praefecit togatae,
quo maiore commendatione conciliaretur ad consulatus
petitionem. ipse tantum itinerum faciebat, quantum satis esse ad mutationem locorum propter salubritatem
3 existimabat. ibi quamquam crebro audiebat Labienum
ab inimicis suis sollicitari certiorque fiebat id agi paucorum consiliis, ut interposita senatus auctoritate aliqua
parte exercitus spoliaretur, tamen neque de Labieno
credidit quicquam neque, contra senatus auctoritatem ut
4 aliquid faceret, adduci potuit. iudicabat enim liberis
sententiis patrum conscriptorum causam suam facile ob-
tineri. nam C. Curio tribunus plebis, cum Caesaris causam dignitatemque defendendam suscepisset, saepe erat

Index.*)

Aduatuca (Limburg), Kastell mitten im Gebiete der Eburōnen 6, 32. 35.

Aduatuci, belgisches Volk zwischen Schelde und Maas 2, 4. 16. 29 —33.

Aedui, gallisches Volk zwischen Loire und Saône; römerfreundlich 1, 11. 33; fallen von den Römern ab 7, 55; ihre Hauptstadt Bibracte.

Agedincum (Sens), Stadt der Senōnen in der Champagne 6, 44. 7, 10. 62.

Alesia (Alise), Stadt der Mandubier westlich vom Oberlaufe der Saône; von Cäsar belagert 7, 68—89.

Alexandrīa, Seestadt in Ägypten.

Allobroges, gallisches Volk in der Provinz zwischen Rhone, Isère, dem Genfersee und den Alpen; Hauptstadt Vienna (Vienne) 1, 11. 28. 3, 6. 7, 65.

Ambarri, kleines gallisches Volk zwischen Saône und Rhone 1, 11.

Ambiāni (Amiens), belgisches Volk an der unteren Somme 2, 4. 15. 7, 75. 8, 7.

Ambibārii, kleines gallisches Volk, zu den civitates Aremoricae gehörig, in der Normandie 7, 75.

Ambiliāti, am linken Ufer der unteren Loire 3, 9.

Ambiorix, īgis, Fürst der Eburōnen.

Ambivarēti, Klienten der Äduer, zwischen Liger und Eläver 7, 75. 90.

Ambivarīti, belgisches Volk am linken Ufer der unteren Maas zwischen den Menapiern und Eburōnen 4, 9.

Anartes, dacisches Volk an der Theiß 6, 25.

Ancalites, britannisches Volk südlich von der Themse 5, 21.

Andes oder **Andi** (Anjou), gallisches Volk nördlich vom unteren Liger 2, 35. 3, 7. 7, 4. 8, 26.

Aquilēia (Aquileja oder Aglar in Istrien), Standort Cäsarianischer Legionen und Schlüssel Italiens im Nordosten 1, 10.

Aquitānia, das Land der Aquitāni, südwestlicher Teil Frankreichs zwischen den Pyrenäen, der Garumna, dem Ocean und der provincia Romana (jetzt Guyenne) 1, 1. 3, 20. 27; von Cäsar besucht 8, 46.

Arar, aris (Saône), bedeutender Fluß des celtischen Galliens, kommt aus den Vogesen, nimmt den Dubis auf und fließt bei Lugdūnum (Lyon) in die Rhone 1, 12. 8, 4.

---

*) Es sind nur jene Namen aufgenommen, die eine sachliche Erklärung oder Quantitätsbezeichnung erfordern, nur Längen sind bezeichnet.

Arduenna silva (les Ardennes, die Ardennen), Waldgebirge zwischen Schelde und Rhein 5, 3. 6, 29. 31. 33.

Arecomici f. Volcae.

Aremoricae civitates, Küstenvölker zwischen Liger und Sequana in der heutigen Bretagne und Normandie 5, 53. 7, 75. 8, 31.

Arverni (Auvergne), mächtiges Volk im celtischen Gallien an beiden Ufern des obern Elaver nördlich von den Cevennen; kämpfen mit den Äduern um das Principat 1, 31; von den Römern besiegt 1, 45; ihr Aufstand unter Vercingetorix 7, 4; Hauptstadt Gergovia; ihre Unterwerfung 7, 89.

Atrebates (Artois), belgisches Volk zwischen Scaldis (Schelde) und Samara (Somme); Hauptstadt Nemetocenna; Bundesgenossen der Nervier 2, 16. 23; der Belloväker 8, 7.

Aulerci, großes gallisches Volk zwischen Sequana und Liger, in vier Stämme verzweigt:

1. **Aulerci Brannovīces** (Brionnais), zwischen Liger und Arar, Klienten der Äduer 7, 75.
2. **Aulerci Diablintes**, an beiden Ufern der Meduāna (Mayenne), Bundesgenossen der Veneter 3, 9.
3. **Aulerci Cenomāni**, südlich von den Diablintes 7, 75.
4. **Aulerci Eburovīces** (Evreux), nördlich von den Diablintes in der Normandie 3, 17. 7, 75.

Ausci (Auch), Volk in Aquitanien westlich von Tolōsa 3, 27.

Avaricum (Bourges), befestigte Stadt der Biturīges südlich vom mittleren Liger, von Cäsar belagert und eingenommen 7, 13. 15—28; Avaricensia praemia 7, 47.

Axona (Aisne), Fluß im belgischen Gallien, mündet in die Isara (Oise). Dort Niederlage der Belgier 2, 5—11.

Bacēnis silva (Harz und Thüringerwald), trennte die Cherusker von den Sueben 6, 10.

Baleāres, Einwohner der Balearischen Inseln Mallorca und Menorca (an der Ostküste Spaniens), als treffliche Schleuderer berühmt 2, 7.

Batāvorum insula, von der Maas, dem südlichen Rheinarme (Waal), dem nördlichen Rheinarme (Leck) und der Nordsee gebildet, jetzt Betau, ein Teil Gelderns 4, 10.

Belgae, Einwohner des nördlichen Galliens zwischen Seine, Marne, dem Rhein und der Nordsee 1, 1; kämpfen im zweiten Buche unglücklich gegen Cäsar. Ihr Land Belgium 5, 12. 25 u. f. w.

Bellovaci, belgisches Volk zwischen Seine, Somme und Oise; sie ergeben sich dem Cäsar 2, 13—15; ihr Aufstand 8, 6—22.

Bibracte, später **Augustodūnum** (Autun), Hauptstadt der Äduer zwischen Arar und Liger 1, 23. In der Nähe Niederlage der Helvetier; Versammlung der Gallier

tifchen Gallien zwischen den Ar=
vernern und Santönen; schließen
sich an Vercingetorix an 7, 4. 75.
88; Winterquartier der Römer
8, 46.

Lepontii, celtisches Volk in den
lepontischen Alpen; daselbst Ur=
sprung des Rheins 4, 10.

Leuci (Toul), Volk im celtischen
Gallien an beiden Ufern der obe=
ren Maas und Mosel (Süd=Loth=
ringen); liefern dem Cäsar Ge=
treide 1, 40.

Levaci (Léau), belgisches Volk
zwischen Schelde und Sambre,
Klienten der Nervier 5, 39.

Lexobii (Lisieux), Küstenvolk in
der Normandie am Ausfluß der
Seine, Bundesgenossen der Be=
neter 3, 9. 11; ermorden ihren
römerfreundlichen Senat 3, 17;
ihre Besiegung 3, 19; Winter=
quartier Cäsars 3, 29; unter den
civitates Aremoricae erwähnt
7, 75.

Liger, eris (Loire), Hauptstrom im
celtischen Gallien, entspringt in den
Cevennen, nimmt den Elaver (Al=
lier) auf und mündet in den Ocean
3, 9. 8, 27 und oft im 7. Buche.

Lingones (Langres), römerfreund=
liches Volk im celtischen Gallien
an den Quellen der Seine, Marne,
Maas und Saône 1, 26. 40.
4, 10. 7, 63. 8, 11.

Lugotorix, īgis, vornehmer Bri=
tannenführer, von den Römern ge=
fangen 5, 22.

Lutētia (Paris), Stadt der Pari=
sii auf einer Insel der Seine; dort
Versammlung der Gallier 6, 3;

Labienus will es besetzen 7, 57;
die Gallier zünden es an 7, 58.

Magetobrīga, Stadt im celtischen
Gallien, vielleicht am linken Ufer
des Arar westlich von Vesontio,
wo Ariovistus die Aduer schlug
1, 31.

Mandubii, celtisches Volk nördlich
von den Aduern; Hauptstadt Ale=
sia (Alise) westlich von Dijon
7, 68. 78.

Marcomani, germanisches Volk an
beiden Ufern des Mains (später
in Böhmen), Bundesgenossen des
Ariovist 1, 51.

Matisco (Mâcon), Stadt der
Aduer am rechten Ufer des unte=
ren Arar, Winterquartier der Rö=
mer 7, 90.

Matrona (Marne), Fluß im cel=
tischen Gallien, entspringt im Lande
der Lingones und mündet bei
Paris in die Seine 1, 1.

Mediomatrices oder Medioma=
trici (Metz), Volk im celtischen
Gallien an beiden Ufern der Mosel
4, 10. 7, 75.

Meldi (zwischen Meaux und Me=
lun), celtisches Volk an beiden Ufern
der unteren Marne; dort Schiffe
für die britannische Expedition ge=
baut 5, 5.

Menapii, belgisches Küstenvolk zwi=
schen Maas und Schelde südlich
von der Batäverinsel in dichten
Wäldern und Sümpfen; Bundes=
genossen der Belgier 2, 4; der Be=
neter 3, 9; Cäsar greift sie ver=
gebens an 3, 28. 29; von den
Tencterern überlistet 4, 4; zweiter

vergeblicher Feldzug der Römer 4,
38; Bundesgenossen der Nervier
6, 2; Expedition Cäsars gegen sie
6, 5; ihre Unterwerfung 6, 6.

Metiosēdum (Melun), Stadt der
Senonen auf einer Seineinsel süd=
lich von Paris; von Labiēnus be=
setzt 7, 58. 60. 61.

Mona (Anglesey), Insel zwischen
Britannien und Irland 5, 13.

Morini, belgisches Küstenvolk zwi=
schen Schelde und Somme in Flan=
dern, Picardie und Artois; in ihrem
Gebiete der portus Itius. Bundes=
genossen der Belgier 2, 4; der Ve=
neter 3, 9; der Menapier 3, 28;
ihre Unterwerfung 4, 22; Rebel=
lion und Züchtigung 4, 37. 38;
schicken Hilfe nach Alesia 7, 75.

Mosa (Maas, la Meuse), Fluß
im celtischen und belgischen Gal=
lien, entspringt bei den Lingōnen
in den Vogesen, strömt durch die
Ardennen, nimmt die Sambre auf,
vereinigt sich mit dem südlichen
Rheinarme Vacalus (Waal) und
ergießt sich in die Nordsee 4, 9.
10.

Namnētes (Nantes), Volk im cel=
tischen Gallien an der Mündung
des Liger, Bundesgenossen der
Veneter 3, 9.

1. **Nantuātes** (Wallis), celtisches
Alpenvolk südlich vom Genfersee 3,
1. 6.

2. **Nantuātes**, celtisches Volk, durch
dessen Gebiet der Ober=Rhein strömt
4, 10 (ein Irrtum Cäsars).

Narbo (Narbonne), Stadt der
Volcae Arecomīci in der galli=

schen Provinz nahe dem sinus Gal=
licus 3, 20. 7, 7. 8, 46.

Nemētes (Speier), germanisches
Volk am linken Rheinufer zwischen
den Vangiones und Triboces;
Bundesgenossen des Ariovist 1, 51;
dort Ursprung des hercynischen
Waldes 6, 25.

Nemetocenna (Arras), Haupt=
stadt der Atrebāten nördlich von
der Samara (Somme); Winter=
quartier Cäsars 8, 46. 52.

Nervii (Hennegau und Namur),
belgisches Volk zwischen Schelde
und Sambre; kämpfen mit den
Belgiern gegen Cäsar 2, 4; heiße
Schlacht am Sabis (Sambre) 2,
19—27; Bundesgenossen des
Ambiorix 5, 38—49; von Cäsar
besiegt 5, 50. 51; ergeben sich aber=
mals 6, 3.

Nitiobroges, celtisches Volk am
rechten Ufer der Garonne zu bei=
den Seiten des Oltis (Lot)=Flusses,
Nachbarn der Cadurci und Bun=
desgenossen des Vercingetorix 7, 7.
31. 46.

Norēia (Neumarkt in Steiermark);
Einfall der Bojer daselbst und
Niederlage der Römer 1, 5.

Norica, Frau aus Norīcum,
Schwester des Königs Voccio 1, 53.

Noricus ager, später Norīcum,
zwischen Rätien und Pannonien,
Königreich des Voccio 1, 5.

1. **Noviodūnum** (Soissons), Stadt
der Suessionen im belgischen Gal=
lien an der Axona (Aisne); er=
giebt sich dem Cäsar 2, 12.

2. **Noviodūnum**, Stadt der Bitu=
riges südlich vom Liger zwischen

Legionsſoldat.

auf die Kohorte etwa 360, auf den Manipel 120, auf den ordo im Widerspruch mit seinem alten Namen centuria nur 60 Mann. Die Kohorte bildet die taktische Einheit: in Kohorten ist das Heer zum Kampfe aufgestellt, auch werden häufig einzelne Kohorten zu Hilfe geschickt. Es wird daher nicht selten die Stärke der Streitkräfte nach Kohorten angegeben. Die kleinste selbständige Abteilung ist der Manipel; ein ordo tritt nie allein auf.

In engster Beziehung zu den Legionen stehen die evocati. Es sind dies ausgediente Legionare, welche sich infolge besonderer Aufforderung von neuem zum Eintritt ins Heer entschlossen haben. Sie nahmen eine bevorzugte Stellung ein, indem sie zu keiner anderen Dienstleistung als zum Kampfe herangezogen und durch einen höheren Sold ausgezeichnet wurden; auch scheinen ihnen für den Marsch Pferde zur Verfügung gestanden zu haben. Dem Stande der evocati wurden gewöhnlich die speculatores, das sind einzeln ausgesendete Kundschafter, entnommen.

Der Legionssoldat im Heere Cäsars bezog einen Jahressold (stipendium) in der Höhe von 225 Denaren oder ungefähr 150 Mark welcher in drei viermonatlichen Raten am 1. März, 1. Juli und 1. November jedes Jahres ausgezahlt wurde.

2. Legionsoffiziere. Oberkommandant ist der Statthalter. Ihm unterstehen die legati und tribuni, die sich mit den höchsten Offizieren einer modernen Armee vergleichen lassen, und die centuriones, die aus der Mitte der Legionssoldaten hervorgegangenen Führer der kleinsten Truppenkörper, der ordines.

Die Legaten gehörten dem Senatorenstande an und wurden nach dem Vorschlag des Statthalters vom Senate ernannt; sie haben den Weisungen des Statthalters zu gehorchen und können, wenn sie seinen Anforderungen nicht entsprechen, von ihm entlassen werden. Sie hatten auch die Leitung der Aushebungen. Besonders tüchtige Legaten wurden vom Statthalter sogar mit der Stellvertretung betraut und führten dann den Titel legatus pro praetore. Cäsar hatte seit dem Jahre 56 mit Bewilligung des Senats zehn Legaten in Gallien; doch wechselten sie ziemlich häufig, sodaß wir aus Cäsars Berichten über den gallischen Krieg die Namen von 21 seiner Legaten kennen. Sie treten hier als die regelmäßigen Legionskommandeure auf.

Jede Legion hatte sechs tribuni militum. Cäsar ernannte seine Tribunen meist selbst aus den jungen römischen Rittern, die ihn ins Feld begleiteten (s. S. 239) und sich bereits im persönlichen Verkehre mit ihm die nötigsten Kenntnisse im Kriegswesen angeeignet hatten. Er überließ ihnen meist nur Geschäfte von untergeordneter Bedeutung, wie die Führung der Mannschaftslisten, die Aufsicht über das Exerzieren, die Sorge für die Zufuhr der Verpflegsmittel.

Jeder ordo wurde von einem centurio, welcher mitunter auch selber ordo genannt wird, befehligt; in der Legion gab es daher 60 Centurionen. Diese sind einander an Rang nicht gleich. In jedem Manipel steht der centurio prior des einen ordo über dem centurio posterior

Fig. 1. Centurio.

des andern. Die oberste Stelle nehmen die sechs Centurionen der ersten Kohorte ein, welche centuriones primorum ordinum oder kurz primi ordines heißen. Der erste unter diesen ist der centurio qui primum pilum ducit, centurio primi pili (ordinis), primus pilus oder primipilus, so genannt, weil der erste Manipel einer jeden Kohorte früher pilus geheißen hatte. Es war das höchste Ziel jedes Centurionen, zu dieser Stelle emporzurücken; damit war die Laufbahn eines Legionssoldaten abgeschlossen. Den Centurionen lag namentlich die Aufrechterhaltung der Disziplin ob; ihr Abzeichen war daher ein Stock, mit dem sie Züchtigungen vornehmen konnten (Fig. 1). Ihr Sold hatte die doppelte Höhe des gewöhnlichen.

3. Signa. Die Feldzeichen sind das Symbol der Einheit eines Truppenkörpers. Sie werden daher heilig gehalten; der Verlust eines signum ist die größte Schmach. Ihre praktische Verwendung besteht darin, daß sie jede taktische Bewegung ihres Heeresteiles vorher signalisieren, so das Aufbrechen (signa ferre), das Haltmachen (s. constituere), die Frontveränderung (s. convertere), die Zusammenrottung (s. conferre), den Angriff (s. inferre). Der Holzschaft jedes Feldzeichens war an seinem unteren Ende mit einer Metallspitze zum Einstoßen in die Erde und weiter oben mit einer horizontalen Handhabe versehen, welche das Herausziehen erleichterte.

Das Feldzeichen der Legion ist seit Marius ein silberner Adler, der mit ausgebreiteten Flügeln auf einer hölzernen Stange sitzt. Der Träger heißt aquilifer (Fig. 2). Im Lager stand der Legionsadler neben dem Feldherrnzelte unter der Aufsicht des primipilus; dieser übergab ihn vor

Fig. 2. Aquilifer.

Fig. 3. Signifer.

dem Aufbruch und vor der Schlacht dem aquilifer, der ihn nun neben der ersten Kohorte unter dem Schutze des primipilus zu halten hatte.

Jeder Manipel hatte sein eigenes signum, welches gewöhnlich oben in eine Spitze auslief und mit Metallscheiben, Halbmonden und anderem Zierat besetzt war. Der signifer, der über dem Helm ein Tierfell zu tragen pflegte (Fig. 3), mußte auf dem Marsch vorn im ersten Gliede

die linke Schulter ging, an der rechten Seite befestigt war. Der Wurf=
spieß (pilum) (Fig. 9), welcher eine Länge von 1,5 m und darüber und
ein ungefähres Gewicht von 1 kg besaß, war aus zwei gleich langen
Bestandteilen, dem Holzschafte und dem Speereisen, untrennbar zusammen=

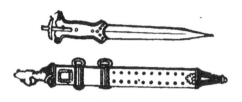

Fig. 8. Schwert.

gesetzt. Er war unten (am Holzschaft)
mit einer Metallspitze versehen, um
in der Erde aufgepflanzt werden zu
können. Oben (am Speereisen) endete
er in eine Spitze, welche gestählt
war, während das übrige Stück aus
weichem Eisen bestand. Wenn daher
das pilum irgendwo eingedrungen
war, bog sich das Eisen infolge der Schwere des freistehenden Teiles des
pilum nach abwärts, und es war der doppelte Zweck erreicht, daß das
pilum wegen der Widerhaken seiner Spitze nur schwer wieder heraus=

Fig. 9. Pilum.

gezogen werden konnte, und daß es keinesfalls mehr für den Feind ver=
wendbar war. Die Wurfweite dieser Waffe betrug etwa 30 m.

5. Gepäck. Der Soldat hatte außer seiner schweren Rüstung auch
noch Gepäck (sarcinae) im Gewichte von ungefähr 20 kg zu tragen.
Dieses umfaßte einen Getreidevorrat für 16 und mehr Tage und
Geräte aller Art, wie Kochgeschirr (Bratspieß, eherner Topf, Becher), Beil,
Spaten, Schanzpfähle, teilweise auch Sägen und Taue. Zur Erleichterung
des Transportes befestigte man das Gepäckbündel am oberen Ende einer
Stange, welche man auf der linken Schulter trug (vgl. Fig. 13), und
konnte es so auch vor der Schlacht leicht und rasch ablegen, um unbelastet
(expeditus) zu sein.

Daneben gab es noch schweres Gepäck (impedimenta), nämlich die
Bestandteile der Zelte, Handmühlen, Proviant, Offiziersbagage, Kriegs=
maschinen und Reservewaffen. Die Transportmittel hierfür waren Wagen
und Zug=, beziehungsweise Packtiere (iumenta), vorwiegend Maultiere
(muli), selten Pferde, welche dann ebenfalls impedimenta genannt werden.
Die dazu gehörige Mannschaft waren die calones und muliones.

B. Die außerhalb des Legionsverbandes stehenden Heeresteile.

1. Auxilia. Cäsars Heer umfaßte auch Kämpfer, welche nicht
römische Bürger waren (auxilia). Da solche Abteilungen in früherer Zeit

ihren Platz an den beiden Flügeln der Legionen gehabt hatten, hießen sie noch lange alarii. Sie waren größtenteils in den römischen Provinzen ausgehoben oder von fremden Königen und Völkern auf Grund eines Vertrages gestellt. Im engeren Sinne versteht man unter auxilia bloß Fußtruppen. Diese waren nur zum geringsten Teile nach römischem Muster bewaffnet und organisiert. Die meisten waren milites levis armaturae; die wichtigsten darunter waren die Bogenschützen (sagittarii) und die Schleuderer (funditores), die mittelst der funda, eines einfach zusammengelegten Lederriemens, in dessen Biegung die Geschosse gelegt wurden, eichelförmig zugespitzte Bleistücke (glandes) gegen den Feind schleuderten (Fig. 10). Sie waren in Kohorten geteilt und erhielten von Cäsar römische Ritter als praefecti.

Fig. 10. Schleuderer.

2. Reiterei. Cäsar entnahm seine ganze Reiterei den Galliern, Germanen und Spaniern. Er verfügte während des gallischen Krieges immer über 4000—5000 Reiter, zu deren Befehlshabern (praefecti equitum) er regelmäßig Römer bestimmte; mitunter betraute er vorübergehend Legionslegaten zugleich mit dem Oberbefehl über Reiterabteilungen. Die Reiterei zerfiel in turmae zu ungefähr 30 Mann, deren jede in drei Dekurien geteilt gewesen zu sein scheint, mit drei decuriones an der Spitze, deren erster zugleich Kommandeur der ganzen turma war.

Von den Waffen der Reiter, welche ihre nationale Ausrüstung beizubehalten pflegten, erwähnt Cäsar den massiven Eisenhelm (cassis) und die leichte Lanze (tragula), welche zum Wurf bestimmt war, aber auch zum Stoß verwendet werden konnte; in der Mitte des Schaftes war eine Riemenschleife (amentum) angebracht (vgl. Fig. 6), welche man beim Zielen mit dem gestreckten Zeigefinger anspannte, um weiter und sicherer zu treffen. Sättel und Steigbügel scheinen zu Cäsars Zeit noch nicht üblich gewesen zu sein.

Cäsar teilte bei allen Expeditionen seinen Fußtruppen Kavallerie zu. Doch wird diese mitunter auch selbständig verwendet. So waren die exploratores durchaus Reiterabteilungen.

3. Cohors praetoria. In der nächsten Umgebung des Feldherrn befand sich die cohors praetoria. Sie bestand aus Kerntruppen, hauptsächlich evocati, auf denen der militärische Wert und der Kriegsruhm der cohors praetoria beruhte, und aus jungen Römern vornehmen

Beim Rückzuge wurde das Gepäck mit einer Truppenabteilung, welche als Vorhut dienen sollte, vorausgeschickt. Der Hauptteil des Heeres folgte hinter dem Train, sodaß die Möglichkeit gegeben war, von neuem den Kampf mit dem im Rücken befindlichen Feinde aufzunehmen.

2. Flußübergänge. Wenn das Heer einen Fluß zu überschreiten hatte, so war das einfachste Mittel, an einer seichteren Stelle durchzuwaten. Dabei wurde im Flusse oberhalb dieser Furt eine Linie Reiter aufgestellt,

Fig. 13. Heer in Marschausrüstung über eine Schiffbrücke schreitend.

um die Gewalt der Strömung zu brechen, eine zweite Linie unterhalb, um die trotzdem stromabwärts gerissenen Soldaten aufzufangen. Gelang es nicht, eine Furt ausfindig zu machen, so bildete man entweder eine Schiffbrücke, indem man von einem Ufer bis zum andern eine Reihe von Schiffen, welche parallel zur Strömung gerichtet waren, neben einander verankerte und quer darüber Bretter legte, oder man baute Pfahlbrücken. Die denkwürdigste derselben ist die von Cäsar selbst (IV 17) genau beschriebene Rheinbrücke (Fig. 11 und 12).

gedeutet sind, verteilen sich die Zelte für die Heermassen der Legionen, auxilia und Reiter in fest geregelter Anordnung. Man rechnet auf zehn Mann ein Zelt, während von den Centurionen jeder ein ganzes Zelt zu seiner Benützung erhält, die höheren Offiziere sogar mehrere.

Das Lager war von Wall (vallum) und Graben (fossa) umschlossen. Zwischen diesen und dem eigentlichen Lagerraum zog sich rings herum eine etwa 40 m breite Straße, welche als Aufmarschraum, als Standplatz für die Gepäckwagen und zur Unterbringung der Schlachttiere und der Beute diente. Der Graben war gewöhnlich 4 m breit und 3 m tief; aus dem daraus gewonnenen Material wurde an der Lagerseite des Grabens ein Wall von ähnlichen Dimensionen errichtet. Je nach der Verschiedenheit des Terrains war natürlich die Art der Befestigung eine verschiedene (Fig. 16 und Cäsars Erzählung II

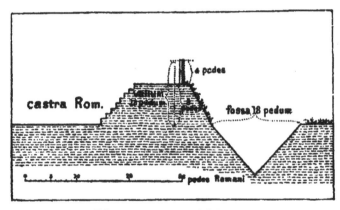

Fig. 16. Lagerbefestigung.

6—10). Obwohl den Feinden die Ersteigung des Walles schon durch den davorliegenden Graben erschwert war, wandte man bisweilen noch besondere Vorsichtsmaßregeln an; so steckte man in den Wall gabelförmig sich teilende Baumstämme (cervi), um die ansteigenden Feinde aufzuhalten. Von den mannigfachen Vorrichtungen, durch welche das Herannahen den Angreifern verwehrt werden sollte, giebt Cäsar gelegentlich der Belagerung von Alesia (VII 72) eine ausführliche Beschreibung (Fig. 17). Zum Schutze der Verteidiger des Walles wurde am Außenrande desselben aus starken, vielverzweigten Ästen, die ineinander verflochten wurden, eine mannshohe Brustwehr (lorica) errichtet, welche in ihrer oberen Begrenzung Zinnen (pinnae) bildete, deren Zwischenräume den Verteidigern einen Ausblick und die Möglichkeit, Geschosse abzuschleudern, boten. An Stelle dieser Brustwehr konnte man zu demselben Zwecke Schutzwände (plutei s. S. 249) oder Türme auf dem Walle aufstellen.

mußte daher jede Zufuhr von Proviant abgeschnitten und jeder Versuch, den Belagerten frische Streitkräfte zuzuführen, vereitelt werden. Dieser Zweck konnte nur dadurch erreicht werden, daß man die Stadt in einer gewissen Entfernung mit einem Walle umgab (circumvallare), welcher an mehreren Stellen durch Redouten (castella), d. i. quadratische, an den Ecken abgerundete Festungstürme, die eine starke Besatzung erhielten, verstärkt war.

Wenn es galt, eine Stadt durch Waffengewalt zu erobern (oppugnatio), wurde vor allem ein Damm (agger) zur Stadtmauer hin gebaut. Er bestand aus Balken und Stämmen, welche das Gerüst bildeten, aus Erde, Steinen und Flechtwerk; die Breite betrug durchschnittlich 20 m, die Höhe kam der der Stadtmauer gleich. Auf ihm

Fig. 18. a einfache, b doppelte testudo.

rückten Sturmkolonnen und bewegliche Türme von mehreren Stockwerken, welche Belagerungsmaschinen und Geschosse enthielten, gegen die Mauer heran.

Es gab verschiedene Vorrichtungen, um diejenigen Soldaten, welche die Belagerungsarbeiten, wie den Dammbau, ausführten, und die Bedienungsmannschaft der Belagerungsmaschinen vor den feindlichen Geschossen zu schützen. Eine einfache halbkreisförmige Schutzwand aus Holz oder Weidengeflecht hieß pluteus (Fig. 19); solche Schutzwände waren entweder unbeweglich auf Türmen und Wällen angebracht oder ließen sich auf drei Rollen vorwärtsschieben. Die Laufhallen (vineae) sind 5 m lange und 2 m breite Holzgestelle aus vier oder sechs Pfählen, welche oben und an den beiden Längsseiten mit Brettern und Weidengeflecht verkleidet

Verzeichnis der Abbildungen.

Lightning Source UK Ltd.
Milton Keynes UK
UKOW06f0641020114

223840UK00010B/375/P